Robin Haring

LÄUFT BEI MIR!

REDLINE | VERLAG

Robin Haring

LÄUFT BEI MIR!

Wie man auch ohne Erfolgsregeln entspannt Karriere macht

Von einem der jüngsten Professoren Deutschlands

#lifehacksfuerdeinekarriere

Bibliografische Information der Deutschen Nationalbibliothek
Die Deutsche Nationalbibliothek verzeichnet diese Publikation in der Deutschen Nationalbibliografie. Detaillierte bibliografische Daten sind im Internet über http://dnb.d-nb.de abrufbar.

Für Fragen und Anregungen:
lektorat@redline-verlag.de

1. Auflage 2017

© 2017 by Redline Verlag, ein Imprint der Münchner Verlagsgruppe GmbH,
Nymphenburger Straße 86
D-80636 München
Tel.: 089 651285-0
Fax: 089 652096

Alle Rechte, insbesondere das Recht der Vervielfältigung und Verbreitung sowie der Übersetzung, vorbehalten. Kein Teil des Werkes darf in irgendeiner Form (durch Fotokopie, Mikrofilm oder ein anderes Verfahren) ohne schriftliche Genehmigung des Verlages reproduziert oder unter Verwendung elektronischer Systeme gespeichert, verarbeitet, vervielfältigt oder verbreitet werden.

Redaktion: Christiane Otto, München
Umschlaggestaltung: Laura Osswald, München
Satz: Daniel Förster, Belgern
Druck: Konrad Triltsch GmbH, Ochsenfurt
Printed in Germany

ISBN Print 978-3-86881-675-4
ISBN E-Book (PDF) 978-3-86414-968-9
ISBN E-Book (EPUB, Mobi) 978-3-86414-969-6

Weitere Informationen zum Verlag finden Sie unter
www.redline-verlag.de
Beachten Sie auch unsere weiteren Verlage unter www.m-vg.de

INHALT

Läuft bei mir – nicht. 8
Alles auf Anfang. 10

#1 Alles ist möglich … 13
#2 und zwar gleichzeitig. 17
#3 Der Weg ist das Ziel 19
#4 Folge deiner Leidenschaft 21
#5 Die Besten werden die Ersten sein 25
#6 Mit Wille zum Erfolg 27
#7 Achte auf deine Work-Life-Balance 31
#8 Kaufe Bücher über Zeitmanagement 34
#9 Plane deinen Erfolg 37
#10 Multitasking braucht keine Prioritäten 41
#11 Reagiere richtig 45
#12 Erfolg muss wehtun. 49
#13 Suche eine geniale Idee 53
#14 Beeile dich 55
#15 Überschreite Grenzen 58
#16 Sag immer »Ja« 60
#17 »Nein« ist eine Antwort 63
#18 Geh auf Nummer sicher 66

#19 Der Feind von Besser ist Gut	68
#20 Mach es kompliziert	70
#21 Vermeide Überforderung	73
#22 Vergleiche dich	76
#23 Lerne nur von den Besten...................	79
#24 Ziehe es allein durch	81
#25 Bitte um Erlaubnis.........................	84
#26 Gib den anderen die Schuld	86
#27 Unterdrücke jeden Zweifel..................	90
#28 Komm endlich an	93
#29 Vermeide Langeweile	96
#30 Geh immer weiter	100
#31 Zeige deinen Erfolg	104
#32 Denk nicht an Alternativen	106
Wann wird es wieder einfach?	109
Die letzten Aufsteiger	115
Literatur zum Weiterlesen	122

LÄUFT BEI MIR – NICHT

MEINE BIOGRAFIE DES SCHEITERNS

ABGELEHNTE STELLEN:
- 2007: Universität Leipzig, wissenschaftlicher Mitarbeiter
- 2013: Max-Planck-Gesellschaft, Leiter Max Planck Research Group
- 2014: Universität Jena, Professur für Versorgungsforschung
- 2016: Max-Planck-Institut für demografische Forschung, Associate Professor

ABGELEHNTE FORSCHUNGSGELDER:
- 2012: DFG-Sachbeihilfe
- 2013: ERC Starting Grant
- 2015: DFG-Sachbeihilfe
- 2016: DFG-Sachbeihilfe

ABGELEHNTE PREISE UND STIPENDIEN:
- 2009: Forschungsstipendium, Deutsche Gesellschaft für Andrologie
- 2015: Communicator-Preis, DFG

ABGELEHNTE ARTIKEL IN WISSENSCHAFTLICHEN FACHZEITSCHRIFTEN:

Journal of the American Medical Association, British Medical Journal, JCEM, Lancet, Circulation, PLOS Genetics, PLOS Medicine, European Heart Journal, Diabetes Obesity and Metabolism, Journal of Clinical Epidemiology, Diabetologia, European Journal of Endocrinology, Journal of Endocrinology, International Journal of Cardiology, International Journal of Obesity, Clinical Endocrinology, Obesity, Archives of Internal Medicine, International Journal of Andrology, Hypertension, International Journal of Epidemiology, Journal of Hypertension, Arteriosclerosis, Thrombosis, and Vascular Biology, Atherosclerosis, Hypertension, Thrombosis and Haemostasis, Journal of Andrology, European Urology, Atherosclerosis, European Journal of Cardiovascular Prevention & Rehabilitation, Diabetes Care, Hormones & Behavior, Molecular and Cellular Endocrinology, Journal of Molecular Endocrinology, Maturitas

ABGELEHNTE MANUSKRIPTE BEI VERLAGEN:

Heyne, Rowohlt, Piper, Fischer, Blessing, Campus, Schwarzkopf & Schwarzkopf, Südwest, dtv Taschenbuch

ALLES AUF ANFANG

Erfolg ist etwas sehr Eigenartiges. Er funktioniert anders, als ich dachte. Ich bin 32 Jahre alt, einer der jüngsten Professoren Deutschlands und Spiegel-Bestsellerautor. Mehr als 176.488 Stunden habe ich im System des lebenslangen Lernens zugebracht: Abitur, Diplom, Promotion und Habilitation. Aber trotzdem bleibt das vage Gefühl, über die wirklich wichtigen Dinge nicht informiert worden zu sein.

Ziele finden? Visionen entwickeln? Misserfolge verdauen? Persönliche Stärken erkennen? Ungewissheit aushalten? Nicht zu sprechen von: Was will ich? Wohin gehe ich? Was macht mich zufrieden?

Die üblichen Bildungsantworten haben meinen dringenden Lebensfragen nicht geholfen. Viel Theorie, kaum Praxis. Klar, ich habe auch Bücher gelesen. Unzählige Ratgeber, Selfmanagement-Anleitungen und Lebensführungshelfer behaupten genau zu wissen, wie es geht. Aber irgendwie verkünden alle dasselbe Rezept:

- Entwickle eine Vision, die du erreichen möchtest.
- Mach dir einen Plan, wie du dies erreichen kannst.
- Ziehe den Plan durch, bis du es erreicht hast.

Nur warum kaufen dann so viele Menschen diese Bücher?

Ich glaube, weil kaum jemand dort ankommt, wo er ursprünglich hin wollte. Scheinheilige Glücksformeln, Über-Nacht-reich-und-glücklich-Anleitungen und ausgefeilte Selbstoptimierungstechniken laufen gnadenlos ins Leere – alles Quatsch!

Die Zeit ist reif für einen Anti-Ratgeber. Warum?

Weil wir verkehrt herum herangehen, stets nur auf das schauen, was fehlt, statt auf das, was schon da ist. Dabei ist es viel leichter zu wissen, was man *nicht* will.

Es ist leichter, das Falsche zu vermeiden, als nur Richtiges zu tun (wenn etwas schiefläuft, merkt es jeder sofort). Und es ist leichter, falsche Verhaltensweisen abzulegen, anstatt neue zu entwickeln (dies ist fast unmöglich).

Dazu versammelt dieser Anti-Ratgeber insgesamt 32 der gängigsten Ratgeberirrtümer und erklärt, warum diese Ratschläge euch nicht weiterhelfen und worauf ihr stattdessen wirklich achten müsst. Diese Life Hacks beschreiben Strategien, Fähigkeiten und Tricks, welche das Leben leichter und besser machen. Es geht dabei aber nicht um Standardrezepte zur Selbstoptimierung. Es soll kein Buch der Antworten sein, sondern ein Buch der Fragen. Erfolg ist nämlich eine sehr persönliche Angelegenheit. Jeder versteht etwas anderes darunter. Um das zu verdeutlichen, habe ich zur Entspannung vorneweg meine Biografie des Scheiterns gestellt.

#1 ALLES IST MÖGLICH ...

Am Anfang steht natürlich die Frage nach dem Ziel. Denn wer sein Ziel nicht kennt, findet den Weg nur schwer. Also lautet die erste Frage: Worauf richte ich meine Zeit, Aufmerksamkeit und Talente aus? Wie sieht das gute Leben für mich aus?

Schnell wird klar, dass das gute Leben unendlich viele Gesichter haben kann: Freunde, Familie, Reisen, Natur, Musik, gute Gespräche, Bücher, Immobilien, Autos ...

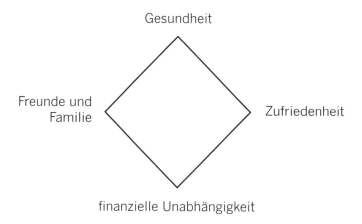

Alles ist doch alles, was ich will. Obwohl es aber unendlich viele Ziele geben kann, sind nur vier davon *wirklich wichtig*. Also, welche Koordinaten hat das gute Leben?

Während das klassische *Dilemma* zwei Entscheidungsmöglichkeiten bietet (Kaffee oder Tee?), umfasst das *Tetralemma* (s. Abbildung) vier Dimensionen: Gesundheit, Freunde & Familie, Zufriedenheit und finanzielle Unabhängigkeit. Damit vereint es zwar die wesentlichen vier Koordinaten eines guten Lebens, aber der Kniff beim Tetralemma ist, dass diese *nicht* gleichzeitig realisiert werden können.

- Eine 60-Stunden-Arbeitswoche und viel Zeit für Freunde und Familie?
- Genüsslich ausschlafen und als Erster im Büro sein?
- Kinder und Karriere?
- Reichtum und Muße?

Der Mythos vom »Alles ist möglich« ist, was er ist: ein Mythos. Die Zeit ist der größte Gleichmacher der Welt. Jeden Tag gibt es für jeden von uns nur 24 Stunden zu verteilen. Ob jung oder alt, arm oder reich, gesund oder krank, ein Tag ist ein Tag und für uns alle gleich lang. Deshalb *muss* es so sein, dass mehr Zeit für das eine (Karriere, Familie) weniger Zeit für das andere bedeutet (Sport, Muße). Umso wichtiger ist es, aus den unendlich vielen *möglichen* Wünschen und Zielen die vier *wichtigsten* auszuwählen. Diese vier Ziele sind die entscheidenden Zubringer auf dem Weg zum guten Leben.

Sei dabei möglichst spezifisch. Statt nur allgemein »Gesundheit« als Ziel anzugeben, sage genau: Ich möchte 15 Prozent Körperfettanteil, 7 Stunden Schlaf, 2-mal wöchentlich den Trainingsplan absolvieren, inklusive 10 Klimmzügen, und auf Wurst und Milchprodukte verzichten. Je spezifischer, desto besser.

Ziel #1

_____
_____
_____
_____
_____

Ziel #2

_____
_____
_____
_____
_____

> Ziel #3

_____
_____
_____
_____
_____

> Ziel #4

_____
_____
_____
_____
_____

Diese vier Ziele sind die Bausteine deines Lebens. Zur Schärfung des nötigen Wichtigkeitsbewusstseins ist das Tetralemma genau das richtige Werkzeug. Wenn du nicht weißt, wie das gute Leben aussehen soll, wer dann?

#2 UND ZWAR GLEICHZEITIG

Der Grund, warum nur wenige Menschen ihre selbst gesteckten Ziele erreichen, ist die Vergeblichkeit der Alles-auf-einmal-Strategie. Sie führt zu nichts, außer schneller abzubrennen – wie eine Kerze, die an beiden Seiten angezündet wird.

Der Punkt ist, dass du zwar alles haben kannst (das ist die gute Nachricht), aber eben nicht zur selben Zeit (das ist die schlechte Nachricht). Physiker bezeichnen

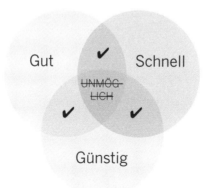

dieses Phänomen als Unschärferelation und meinen damit die Unmöglichkeit, Position *und* Geschwindigkeit eines Teilchens *gleichzeitig* mit derselben Präzision messen zu können. Ganz ähnlich verhält es sich im »richtigen« Leben.

Auch wenn gut, schnell und günstig gleich lohnenswert sind, kannst du nicht alle drei gleichzeitig haben. Schnell und günstig ist meistens nicht besonders gut. Schnell und gut wird nicht billig. Und gut und günstig geht nie schnell. Lebenspraktisch ist damit die Notwendigkeit verbunden, zu verschiedenen Zeiten verschiedene Prioritäten zu setzen. Weil sich das Leben in Phasen vollzieht, wollen Prioritäten und Entscheidungen nämlich in jeder Phase neu sortiert und getroffen werden. Dazu hältst du am besten regelmäßig eine *innere Betriebsversammlung* ab, bei der du dich fragst:

- Was ist mir wichtig im Leben?
- Was möchte ich erreichen?
- Wie weit bin ich davon entfernt?

So überprüfst du regelmäßig, ob deine Schritte auch zum Ziel führen, du vielleicht in die verkehrte Richtung läufst oder nicht schon ganz andere Ziele hast, die du nun in den Vordergrund stellen solltest.

#3 DER WEG IST DAS ZIEL

Das stimmt nicht! Also nicht ganz. Das Ziel ist nämlich das Ziel. Es hat wirklich lange gedauert, bis ich dahinter gekommen bin, aber am Anfang weiß wirklich *niemand*, was er mit seinem Leben anstellen soll. Man fängt einfach irgendwo an, wirft sich auf das, was einen interessiert, gibt sein Bestes und sammelt auf dem Weg alles, was sich einem bietet. Bei Licht betrachtet ist es ein Prozess, geprägt von Versuch und Irrtum:

- ausprobieren
- beobachten
- dokumentieren
- entscheiden – weitermachen oder verwerfen?

So funktioniert Wissenschaft und so funktioniert persönlicher Fortschritt. Man organisiert sich Experimente und Irrtümer, verwirft die erfolglosen Versuche und verstetigt die kleinen Fortschritte. Der Weg verändert sich dabei zwar ständig, aber das Ziel bleibt dasselbe. Erfolg ist dann nur noch ein Symptom, eine Begleiterscheinung davon, dass du dein Ziel nicht aus den Augen verlierst, bereit bist, entstehende Möglichkeiten zu nutzen, und den Weg jederzeit auch verändern könntest.

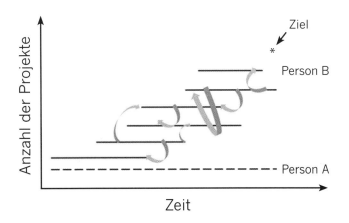

Während Person A alles auf eine Karte setzt, versteht es Person B, verschiedene Wege auszuprobieren, aneinander anzupassen, zu verwerfen und zu kombinieren. Dadurch zeigt Person B, dass sie die wichtigsten Dinge beim Laufen lernt und dass es wichtig ist, *viel* zu machen. Du bist Person B. Denn die Chance, dein Ziel auch tatsächlich zu erreichen, steigt durch die Anzahl deiner Versuche.

#4 FOLGE DEINER LEIDENSCHAFT

Weil du den Großteil deines Wachlebens mit Arbeit verbringst, lautet die herkömmliche Empfehlung: Lebe deine Leidenschaft – »Do what you love«. Nur leider greift dieser Tipp viel zu kurz. Mein leidenschaftlicher Versuch, genau das zu tun, was ich liebe, hat genau zwei Semester gedauert. Dann habe ich die Reißleine gezogen und mein Musikstudium als Schlagzeuger abgebrochen. Dabei erging es mir nicht anders als den meisten. Wer seine Leidenschaft professionalisiert, verliert oft den Zugang zur Quelle des eigenen Tuns und damit den ursprünglichen Antrieb. Übrig bleiben verblassende Erinnerungen an die einstige Begeisterung längst vergangener Tage. Irgendwie steckt es ja schon in dem Wort selbst – Leidenschaft schafft eben Leiden. Suche deshalb *nicht* nach deiner absoluten Leidenschaft, sondern nach deinen natürlichen Stärken. Suche etwas, das du magst, das dir leichtfällt und das du länger und besser kannst als andere. Um dies herauszufinden, frage dich Folgendes:

- Bei welchen Tätigkeiten fühlst du dich voller Energie und Tatendrang?
- In welchen Bereichen lernst du schnell?
- Was würdest du tun, auch ohne Geld dafür zu bekommen?
- Was hat dir in den letzten Jahren wenig Mühe bereitet *und* gute Ergebnisse erzielt?

Folge nicht deiner Leidenschaft, folge deinem Enthusiasmus.

Aber so hilfreich deine Antworten auf diese Fragen sein könnten, wenn es um die Einschätzung der eigenen Fähigkeiten geht, liegen wir meistens weit daneben. Entweder halten wir uns für besser, als wir tatsächlich sind, oder wir trauen uns weniger zu, als wir tatsächlich können. Die Ratlosigkeit darüber, mit wem wir es da ein ganzes Leben lang zu tun haben, ist deshalb stark verbreitet, weil es unglaublich schwer ist, sich selbst zu erkennen. »Drei Dinge sind in dieser Welt extrem hart: Stahl, Diamanten und Selbsterkenntnis«, meinte dazu Benjamin Franklin, einer der Gründungsväter der USA.

Folgende Fragen helfen ebenfalls auf dem Weg zum Selbstexperten:

- Worüber sprichst du mit spürbarer Begeisterung?
- Welche positiven Eigenschaften loben andere Menschen an dir?
- Was wolltest du mit zwölf Jahren werden (die vielleicht ehrlichste Idee, die du je von dir hattest)?

Wenn du es selbst nicht weißt, frag deine Familie, Freunde oder deinen Partner. Aber gib dir Zeit! Der Prozess, deine eigenen natürlichen Stärken zu finden, braucht Zeit. So wie aus einem Stück Stein nur mit viel Mühe eine ansehnliche Skulptur entsteht, brauchst du die Irrwege, Fehler und Misserfolge, um zu entdecken, was dir liegt und was nicht. Doch die Mühe lohnt sich. Vor dir liegen mehrere Jahrzehnte Erwerbsarbeit. Genau genommen wirst du durchschnittlich 80.000 Stunden deines Lebens mit Arbeit verbringen. Ohne ein tiefes Selbstverständnis deiner eigenen Stärken, Bedürfnisse und Ziele wird das nichts werden. Zwar gilt der Tod durch Überarbeitung in Japan als äußerst ehrenvoller Tod (jap. *Karoshi*), aber dein Arbeitsleben sollte dir mehr bieten als nur die Entscheidung zwischen Burn-out oder Bore-out.

Ob du auf dem richtigen Weg bist, verrät dir der *Montag-Morgen-Test*: Wenn du Montag früh aus dem Bett springst und voller Vorfreude, Neugier und Zuversicht in den Tag startest, hast du bestanden. Wenn du hingegen die Arbeitstage bis zum nächsten Urlaub zählst oder damit verbringst, den nächsten Urlaub zu planen, suchst du dir besser einen neuen Job.

#5 DIE BESTEN WERDEN DIE ERSTEN SEIN

Dir ist sicherlich schon aufgefallen, dass die Besten deiner Schule oder Universität später nicht zwangsläufig die Erfolgreichsten im Leben geworden sind. Woran mag das liegen? Hieß es nicht immer, die Besten werden die Ersten sein? Als Erklärung drängen sich die unterschiedlichen Anforderungen zwischen Schule und Leben auf:

- *Schule*: Struktur, Wiederholung, Sicherheit, Eindeutigkeit, Vergangenheit
- *Leben*: Chaos, Variabilität, Unsicherheit, Widersprüchlichkeit, Zukunft

Aus welchen Gründen auch immer der eigene Charakter nun eher dem einen oder anderen Anforderungsprofil entspricht, das Ergebnis bleibt dasselbe: Das eine hat nur wenig mit dem anderen zu tun. Das bedeutet, anders als in der Schule musst du im Leben nicht *alles* richtig machen, um erfolgreich zu sein. Du musst nur *eine* Sache richtig machen. Ein Thema, ein

Fachgebiet oder eine Fähigkeit, die du so unglaublich gut beherrschst, dass niemand an dir vorbeikommt.

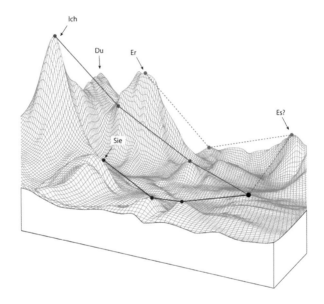

Stell dir dazu die Gesamtheit aller menschlichen Fähigkeiten als Fitnesslandschaft vor. Genauso wie niemand alle 14 Achttausender dieser Welt an einem Tag erklimmt, ist es unmöglich, in allen Bereichen Perfektion bzw. Exzellenz zu erreichen. Diese entsteht, sobald du die richtigen Dinge richtig machst. Es genügt also, selektiv exzellent zu sein und darauf gezielt aufzubauen. Lass den anderen ruhig auch noch etwas übrig.

#6 MIT WILLE ZUM ERFOLG

Sich auf dem Weg zum guten Leben allein auf die Willenskraft zu verlassen, reicht leider nicht. Schau doch hin: Kein Tag vergeht, ohne dass du einem pausenlosen Gewitter von Ausflüchten, faulen Kompromissen und Prokrastination ausgesetzt wärst. Nein, es gibt wenig Anlass zur Hoffnung, der Wille allein reicht nicht. Dein innerer Schweinehund weiß, dass der Akku deiner Willenskraft nicht unendlich groß ist, und wird so lange weitermachen, bis er gewinnt. Dann schmeißt du hin, gehst Kaffeetrinken oder ins Kino. So geht es tagein, tagaus. Es vergeht kein Tag ohne innere Abwehr. Um diesen Kampf zu beenden, musst du erkennen, dass eine Strategie stärker ist als bloße Willenskraft. Du brauchst eine Strategie, um dich von dir selbst zu entlasten. Dadurch wirst du den inneren Schweinehund zwar nicht besiegen, aber du kannst dich mit ihm anfreunden. Du musst dir auch von dir selbst nicht alles gefallen lassen. Deshalb bedeutet Strategie den gezielten Einsatz von Zeit, Talent und Energie zu *einem* langfristigen Zweck, *deinem* Zweck. Denn ohne Strategie gerät dein Leben in die Hände anderer (das kann nicht nur dein Schweinehund sein). Deshalb brauchst du ein wasserdichtes strategisches Selbstkonzept mit folgenden fünf Zutaten:

- **Vision:** Dein Ideal vom guten Leben
- **Ziele:** Deine Top #4
- **Prioritäten:** Stärken erkennen und umsetzen
- **Planen:** Meilensteine festlegen
- **Handeln:** Do-it

Eine Strategie zu entwerfen bzw. zu haben, ist aber noch der einfache Teil. Trotzdem enden alle Ratgeber an genau dieser Stelle. Der schwere Teil ist nämlich die Umsetzung bzw. Praxis dieser Strategie. Gute Pläne haben viele, aber die meisten verirren sich auf dem Weg. Um den Überblick zu behalten und dich nicht zu verlieren, schreibst du am Anfang eines jeden Monats auf, welche Erwartungen du für die nächsten vier Wochen hast und welche Ergebnisse du in den letzten vier Wochen erzielt hast. Diese kontinuierliche Feedbackschleife verrät dir recht schnell, welche Schritte zuverlässig zum gewünschten Ergebnis führen und welche nicht. Dadurch erkennst du, in welchen Bereichen es gut läuft, was irgendwie nie klappt und welche Anpassungen du vornehmen musst.

Stell dir immer wieder die folgenden Fragen:
- Welchen Aktivitäten gehe ich zurzeit nach?
- Wie viel Prozent meiner Zeit, Aufmerksamkeit und Kraft verwende ich worauf?
- Wie stimmig ist diese Aktivität mit Blick auf meine persönlichen Visionen und Ziele?

Anfangs kann es lästig oder ungewohnt sein, sich ständig einen Überblick zu verschaffen, aber mit der Zeit wird es immer einfacher, weil du dich kontinuierlich und konsequent auf die Bereiche zubewegst, in denen du die besten Ergebnisse produzierst. Schwer bleibt es trotzdem, weil du immer wieder spürst, dass die Verantwortung für deine persönliche und berufliche Entwicklung bei dir selbst liegt, weil du nun niemand anderen mehr für dein Glück verantwortlich machen kannst und weil du merkst, dass deine eigene Anstrengung die einzige Variable ist, die du wirklich selbst kontrollieren kannst. Aber tröste dich, die anderen haben es auch nicht leichter.

#7 ACHTE AUF DEINE WORK-LIFE-BALANCE

Vergiss den Work-Life-Balance-Mythos am besten sofort. Sobald du in deinem Leben etwas Außergewöhnliches erreichen möchtest, bedeutet das nämlich automatisch, für eine gewisse Zeit extrem unbalanciert zu leben. Egal, ob du viel Geld verdienen, epische Romane veröffentlichen oder ein Instrument meistern möchtest, all diese Ziele bedeuten zwangsläufig tiefe Einschnitte in anderen Lebensbereichen (du erinnerst dich: Für uns alle hat der Tag nur 24 Stunden). Diese Einschnitte nimmst du *nur* in Kauf, wenn du dir 200-prozentig darüber im Klaren bist, *warum* du gerade das tust, was du tust. Es geht darum, den Anspruch einer ausgewogenen Work-Life-Balance für eine gewisse Zeit *bewusst* aufzugeben. Die Frage ist nur, für wie lange und in welchen Bereichen.

Mit Blick auf das Atommodell deines Lebens wird deutlich, dass die Antwort auf das »Warum« den Kern deines Tuns ausmacht. Von der Frage »Warum tust du das, was du tust?« leiten sich das *Was* und das *Wie* direkt ab.

Wenn du zum Beispiel Menschen in Not helfen möchtest (Warum), kannst du Arzt, Anwalt oder Pastor werden (Was) und therapieren, prozessieren oder predigen (Wie). Das Ziel dieser unterschiedlichen Anstrengungen (Menschen zu helfen) ist identisch, auch wenn es sich auf unendlich vielen verschiedenen Wegen erreichen lässt. Also, wie lautet deine Antwort auf die Frage nach dem *Warum*? Was ist die tiefe Motivation deines Tuns?

Ohne Antworten auf diese Fragen wird es dir ergehen wie den meisten anderen da draußen: 70 Prozent schieben Dienst nach Vorschrift und weitere 15 Prozent haben innerlich gekündigt.[1] Deshalb ist der Begriff »Motivation« inzwischen zur verbalen Allzweckwaffe verkommen, um arbeitsscheue Minderleister anzutreiben (lat. *movere*, bewegen). Obwohl aber eine ganze Branche von Trainern, Beratern und Coaches davon lebt, Motivation zu erzeugen und zu erhalten, haftet ihr immer noch etwas Magisches an. Zahllose Anstrengungen wurden unternommen, um zu ergründen, was Menschen motiviert, und vor allem, wie Motivation erhalten bleibt. Anfangs dachten alle an Geld, aber dann kam die Generation Y der zwischen 1980 und 2000 Geborenen, und auf einmal stand die Frage nach dem Sinn der Arbeit im Raum. Dieser Weckruf geht an alle High Performer, Global Player, Opinion Leader und Disruptive Innovation Driver: Wer die Sinnhaftigkeit seiner Arbeit nicht erkennt, dem helfen auch Bonuszahlungen, Dienstwagen, Homeoffice oder Heißluftballonfahrten nicht weiter. Ist hingegen die Frage nach dem Warum beantwortet, kommt die Motivation von ganz allein.

---

1 siehe: M. Nink. *Engagement Index: Die neuesten Daten und Erkenntnisse aus 13 Jahren Gallup-Studie.* 2014.

#8 KAUFE BÜCHER ÜBER ZEITMANAGEMENT

Am besten kaufst du Zeitmanagementbücher mit Geld-zurück-Garantie, denn die machen dich so richtig ratlos, falls es mit der ersten Million wieder nicht klappt. Das Problem mit der Idee des Zeitmanagements ist nämlich, dass es einzelne Aufgaben und Ereignisse hoffnungslos überschätzt und viel zu statisch denkt. Sonst wären beim klassischen Projektmanagement nicht die Hälfte der Ergebnisse schon nach einem halben Jahr unbrauchbar. Du brauchst dynamische Prozesse, weil sich die Bedingungen, der Markt und die Anforderungen zwischenzeitlich zu oft ändern, um deinen Plan einfach stur durchzuziehen. Das bedeutet kürzere Strategiezyklen, greifbarere Teilschritte und konstantes Feedback (siehe #6). Anstatt auf starr definierte Ereignisse zu setzen (dieses oder jenes muss genau dann und dort passieren), brauchst du einen kreativen Prozess. Weil es schlichtweg unmöglich ist, alle Eventualitäten zu durchdenken, um vorherzusehen, auf welchem Weg du deine Ziele erreichen wirst, ist es besser, an Ergebnisse statt an

Aufgaben zu denken. Das bedeutet, Prozesse von hinten anzudenken (Was soll am Ende dabei herauskommen?) und verschiedene Strategien für dasselbe Ziel zu parallelisieren. Der zweite Hemmschuh des Zeitmanagements ist nämlich die unterstellte Linearität. Denn mit der herkömmlichen »Schritt-für-Schritt-Taktik« kommst du nie so richtig in Schwung. Um das nötige Momentum zu entwickeln, sind vielfältigste Überschneidungen von Aufgaben, Meilensteinen und Entscheidungen aber nicht nur notwendig, sondern unausweichlich.

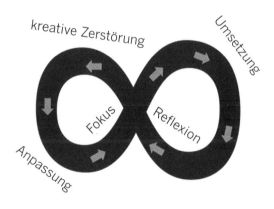

Die entstehende Abfolge aus Fokus, Umsetzung, Reflexion und Anpassung ist ein kontinuierlicher Zyklus, der regelmäßig Phasen der »kreativen Zerstörung« durchläuft. Der sicherste Weg zum Misserfolg wäre nämlich der Verzicht auf Rückkopplung und Anpassung: »Wenn der Plan erst mal steht, dann ziehe ich das Ding gnadenlos durch«. Das ist zwar kein schlechter Ansatz, aber bedenke: »Everybody has a plan until they get punched in the face« (Mike Tyson). Achte daher auf deine Reserven an Zeit, Energie und Geld, um flexibel auf Planänderungen oder neue Möglichkeiten reagieren zu können. Zu oft ändert sich das Spiel, noch bevor du die Regeln auswendig gelernt hast. Sprich mal mit deinen Großeltern. Ihre Geschichten erinnern uns daran, dass nur die wenigsten Entscheidungen »lebenslang« sind. Mit einer guten Balance aus Hartnäckigkeit und Flexibilität haben sie den Fahrplan meistens während der Fahrt geändert.

Die Herausforderung besteht also nicht nur in der Entwicklung einer Strategie und im Treffen von Entscheidungen, sondern auch in der Balance, seine Meinung einerseits nicht zu schnell zu ändern und andererseits den Absprung nicht zu verpassen, wenn der Zug in die völlig falsche Richtung rollt.

#9 PLANE DEINEN ERFOLG

Es sind die Geschichten, die wir uns erzählen. Geschichten von lückenlosen Biografien, makellosen Karrieren und traumhaften Erfolgen: schnurgerade, unausweichlich und zwangsläufig. Aber was wir uns da erzählen, entspricht nicht der Realität. Das, was wir uns erzählen, sind Gewinnergeschichten, die im Rückblick *immer* so aussehen, als hätte es genau so kommen müssen.

Nur allzu leichtgläubig lassen wir uns den Aufstieg von Google, Twitter oder Amazon als geniales Gespür für den richtigen Moment erzählen. Bereitwillig erliegen wir dem Heiligenscheineffekt, jedem Erfolg im Nachhinein eine Aura der Unumgänglichkeit zu verleihen. Zufall oder pures Glück blenden wir als mögliche Erklärung aus. Dabei steckt in jedem Erfolg ein Rätsel. Was nämlich wie ein linearer Prozess erzählt wird, ist niemals einer gewesen. Der Grund dafür ist einfach: Niemand kann in die Zukunft sehen. Das bedeutet gleichzeitig, dass eine genaue Karriereplanung praktisch unmöglich ist.

Plan

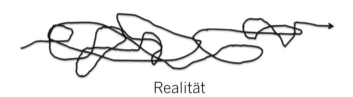

Realität

Klar, einen Plan haben alle. Traumjob, Partner, Kinder, Familie, Doppelhaushälfte. Das sind Lebensentwürfe auf Bestellung, am besten per Expressversand. Nur irgendwie passt es im Moment gerade nicht. Eigentlich passt es nie. Und so verlieren wir beim Basteln an unseren Lebensplänen das Leben selbst aus den Augen. Ein Leben, das eben nicht linear verläuft, sondern launisch ist. Steve Jobs hat Jahrzehnte gebraucht, um die Welt von seinen Produkten zu überzeugen. Bevor Jeff Koons der teuerste lebende Künstler der Welt wurde, war er selber Eintrittskartenverkäufer für das Museum of Modern Art in New York. Bevor Angry Birds zum Welterfolg wurde, hat dieselbe Softwarefirma mehrere Dutzend erfolgloser Spiele-Apps völlig geräuschlos versenkt. Ich meine, schau dir die Abbildung oben mal genau an. So wie kein Fluss gerade zum Meer läuft, segelt auch niemand gerade in den Wind. Man wendet das Segel hin und her, von einer Seite auf die andere, und *mäandert* zum Ziel. Das Wichtigste ist deshalb: einfach anfangen! Bist du erst einmal auf dem Weg, ist es völlig in Ordnung, die Spur zu wechseln, neue Dinge auszuprobieren und unbekanntes Gelände zu erobern. Bis Ende 20 so viel auszuprobieren, zu lernen und zu experimentieren wie möglich, ist eine gute Idee. Indem du dich breit aufstellst, Erfahrungen sammelst, Ideen entwickelst und Kontakte aufbaust, erzeugst du immer neue Chancen und hast ein breiteres Fundament für Kommendes. Schließlich weiß niemand von Anfang an alle Antworten.

Mit 12 Jahren habe ich Äpfel aus unserem Garten verkauft, dann mit 14 Zeitungen ausgetragen, mit 16 in der Krankenhausgroßküche Töpfe geschrubbt, mit 18 Konzertbühnen aufgebaut, mit 19 Immobilien verwaltet, mit 20 Büropost verteilt, mit 21 Meinungsumfragen erhoben, mit 24 Yogakurse unterrichtet und bis heute als Musiker unzählige Hochzeiten, Jugendweihen und Konzerte bespielt. In all den Jahren hätte ich keinen Cent darauf verwettet, dass ich mit Anfang 30 Professor bin und Bücher schreibe. Offensichtlich hat also der Punkt, von dem aus man startet, nichts mit dem Punkt gemeinsam, an dem man ankommt. Trotzdem führen all diese Erfahrungen, Irrwege, Anstrengungen und Begegnungen in der Rückschau scheinbar ganz »zufällig« zu diesem Moment in der Gegenwart, den wir »jetzt« nennen. Aber vielleicht gehört das ja zur Magie des Lebens, dass es vorwärts gelebt, doch erst rückwärts verstanden wird.

#10 MULTITASKING BRAUCHT KEINE PRIORITÄTEN

Multitasking meint nicht die Fähigkeit, gleichzeitig telefonieren *und* Wäsche zusammenlegen zu können. Multitasking meint den Mythos der Gleichzeitigkeit, in dem das Gehirn nur schnell zwischen verschiedenen Aufgaben hin- und herschaltet. Der Preis dieses Aufmerksamkeitswechsels ist eine Verlängerung der Bearbeitungszeit um mindestens 25 Prozent. Warum? Weil das ständige Umschalten nachweisbar mentale Energie frisst. Psychologen bezeichnen diesen Effekt als *willpower depletion*. Stell dir deine Willenskraft einfach wie den Akku deines Telefons vor. Durch die häufigen Aufmerksamkeitswechsel läuft er sehr viel schneller leer. Denn jedes Mal, wenn du deinen Fokus ablenkst, dauert die Rückkehr zur ursprünglichen Aufgabe nicht nur länger, sondern verbraucht auch ein Vielfaches deiner mentalen Energie. Das ist der Grund, weshalb ein Dutzend lächerlicher Mails, die zur Beantwortung eigentlich nur zwei Minuten ungestörter Konzentration bräuchten, dank klingelndem Telefon, anklopfender Kollegen und dem Eintreffen ständig neuer Mails zu einem unbezwingbaren Gegner heranwachsen. Reality check: Multitasking untergräbt die Produktivität, anstatt sie zu fördern.

Du hast also die Wahl, deinen Tag gnadenlos zerstückeln zu lassen (passiv & diffus) oder deine Aufmerksamkeit bewusst auszurichten (aktiv & fokussiert), Prioritäten zu definieren und diese ablenkungsfrei zu erledigen. Nur klingt das so viel leichter, als es tatsächlich ist. »Wenn da nicht das Internet, der Fernseher oder Facebook wären«. Aber diese Ausreden gelten nicht. Die Diagnose »Konzentrationsmangel« gab es schon lange vor der Digitalisierung. Aristoteles schickte seine Schüler auf lange Wanderungen, indische Yogis ziehen sich seit Jahrtausenden in Höhlen zurück und Humboldt forderte »Freiheit und Einsamkeit« als Voraussetzung zum konzentrierten Studium.

Dabei gibt es jeden Tag immer nur *eine* Sache, die wirklich zählt. *Eine* klar definierte Aufgabe pro Tag. Der eine Text, der eine Anruf, die eine Präsentation. Das ist deine Tagespriorität, die du dir am besten schon am Vortag überlegst und gleich morgens mit laserscharfem Fokus erledigst, *bevor* sich der mentale Akku leert. Der Rest deiner Tagesaufgaben fällt in die verbleibenden Lücken. Beginne den Tag also *niemals* mit E-Mails, Protokollkorrekturen oder Flug- und Hotelbuchungen. Dann leuchtet dein mentaler Akku schon rot auf, bevor du zu den wirklich wichtigen Dingen gekommen bist bzw. dich deinen Prioritäten gewidmet hast.

»Das ist aber doch alles wichtig«, wirst du sagen. Ja, vielleicht, aber den Großteil dieser »wichtigen« Aufgaben kannst du sorgenfrei durchlaufen lassen. Deine *volle* Aufmerksamkeit brauchen nur 20 Prozent davon. Das sind deine wirklichen Prioritäten, die wenigen wichtigen. Am Ende zählen nur diese ein bis zwei abgehakten Aufgaben, diese vier bis fünf Schritte am Tag. Das scheint erst einmal nicht besonders viel. Aber der Eindruck täuscht, denn wir unterschätzen den langfristigen Effekt kontinuierlichen Handelns dramatisch. In dem alten persischen Märchen vom Reiskorn und dem Schachbrett wünschte sich der Erfinder des Schachspiels auch nichts weiter vom König als ein Reiskorn auf dem ersten Feld, zwei auf dem zweiten Feld, vier auf dem dritten und so fort. Am Ende passten auf die 64 Felder des Schachbretts trotzdem genügend Reiskörner, um die gesamte Erdoberfläche zu bedecken.

#11 REAGIERE RICHTIG

Viel wichtiger als die richtige Reaktion ist der aktive Fokus deiner Aufmerksamkeit, deine selbst gewählten Schwerpunkte. Wenn du reagieren musst, ist es schon zu spät. Proaktives Handeln bedeutet zu agieren, *bevor* es notwendig wird. Deine Prioritäten sind geklärt (siehe #10) und die Schritte mit der größten Wirkung, um dein Ziel zu erreichen, sind identifiziert (siehe #1–#9). Was du jetzt brauchst, ist ablenkungsfreie Zeit, in der deine Prioritäten deine *volle* Aufmerksamkeit genießen. Du brauchst Fokusblöcke aus 60–90 Minuten ungestörter, ungeteilter, reiner, purer Konzentration.

- ~~E-Mails~~
- ~~Social Media~~
- ~~telefonieren~~
- ~~aufräumen~~
- ~~Fenster putzen~~
- ~~Wochenende planen~~

Deine wichtigste Aufgabe ist es, aus jedem Tag zwei Fokusblöcke herauszuschnitzen. Mehr willst du nicht von diesem Tag. Danach kannst du so viel telefonieren, bloggen, surfen, Kaffee trinken oder spazieren gehen, wie du magst. Aber diese zwei Fokusblöcke sind gesetzt. Um überhaupt Zeit für Fokusblöcke zu finden, bündelst du ähnliche Aufgaben. Das bedeutet, nicht für alles und jeden sofort loszurennen, sondern die Aufgaben der Priorität nach zu sortieren und sich ihnen gezielt zuzuwenden. In Fokusblöcke gehören nämlich nur die wenigen wichtigen A[+++]-Aufgaben. Einkaufen, Wäsche aufhängen oder Rechnungen sortieren kannst du auch noch hervorragend abends erledigen, wenn der mentale Akku rot blinkt.

Die größte Unterstützung bei der Bewältigung deiner täglichen Fokusblöcke erhältst du aber durch Routine. Sobald du weißt, wann, wo und wie du deine Fokusblöcke in den Tag einbaust, wird die Macht der Gewohnheit dein zuverlässigster Verbündeter, um das zu erledigen, was du erledigen möchtest. Eben weil das berühmte Hintertürchen mit der Aufschrift »Heute mal nicht ... nur dieses eine Mal ...« so unglaublich verlockend erscheint, ist 100 Prozent viel einfacher als 97 Prozent. Bei 100 Prozent musst du nicht jeden Tag neu darüber nachdenken, was du wann erledigst. So schützt dich deine Routine davor, durch Unbeständigkeit immer wieder in den Sumpf des Zweifels gezogen zu werden. Damit genießen deine Ziele dieselbe kontinuierliche Priorität wie die Golden Gate Bridge: An dem Tag, an dem die Brücke komplett gestrichen ist, fängt alles wieder von vorne an. Für deine Ziele arbeitest du also nicht kurz und hart, sondern beständig und fokussiert. 100 Prozent bedeuten nämlich *immer*.

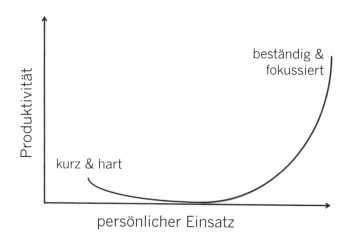

Nach einiger Zeit wirst du staunen. Der Effekt von Fokusblöcken ist kaum zu überschätzen. Laut Studien verdoppelt ungeteilte Aufmerksamkeit deine Produktivität nicht, sondern steigert sie um +500 Prozent. Das schmeckt jetzt vielleicht nach marktförmiger Selbstoptimierung, aber probiere es einmal aus. Fokusblöcke sind der ganze Unterschied zwischen erdrückender Prokrastination und dem erleichterten Abhaken deiner Ziele. Denn egal wie groß die Aufgabe ist oder wie unerreichbar das Ziel scheint: Widme dich Fokusblock für Fokusblock, Tag für Tag, und alles wird erledigt sein. Es gibt keinen anderen Weg.

#12 ERFOLG MUSS WEHTUN

Täglich 10 Stunden im Büro, 6 Stunden Schlaf, keine Zeit für Frühstück, Sport oder Wochenende – »Erfolg *muss* wehtun« – schließlich soll es ja vorwärts gehen. Die Popularität dieser Strategie bedeutet nicht, dass sie besonders gut ist. Jedenfalls nicht langfristig. Für einen kurzen Sprint mag die Strategie aufgehen, schließlich gibt es immer mal wieder arbeitsreiche Phasen, aber wie nachhaltig ist sie auf lange Sicht? Wer auf neue Aufgaben oder mehr Arbeit reflexhaft mit längeren Arbeitszeiten reagiert, höhlt die Grundlagen seiner eigenen Arbeitskraft aus. Nach kurzer Zeit ist die »Arbeitskraft« nämlich erschöpft, entkoppelt, demotiviert und schließlich krank. Eine Abwärtsspirale, die drei Missverständnisse zur Ursache hat.

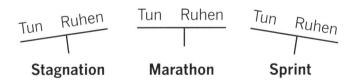

1. Freudlosigkeit: Es gibt nur einen Grund, das zu tun, was du tust: weil es dir Freude bereitet. Wenn dir dein Tun keine Freude schenkt, dann lass es jemand anders tun und suche dir etwas Neues. Denn ohne Freude fehlt dir der innere Antrieb und du erstarrst in **Stagnation**.

2. Pausenlosigkeit: Ohne Pausen schaffst du nur einen **Sprint**. Aber du kannst keinen Sprint *leben*. Du hast nur einen Kopf und einen Körper, also mach auch mal eine Pause. **Marathon** denken bedeutet, dass du nicht gegen die Zeit läufst, sondern gegen deine eigenen Energiereserven. Du darfst dich also nicht erschöpfen.

3. Übersteuerung: Gib dem Zufall eine Chance. Niemand weiß, warum die Dinge geschehen, die geschehen. Du musst deine Projekte nicht bis ins kleinste Detail steuern. Erlaube dir streckenweise emergentistisch zu leben. Das Wort Emergenz beschreibt das nicht-zurechenbare Entstehen ohne Ursache oder Absicht. Beim Schach kontrollierst du ja auch nur 50 Prozent des Spiels. Die anderen 50 Prozent liegen nicht in deiner Hand.

Es muss also gar nicht wehtun. Als Erster ins Büro kommen und als Letzter gehen ist nämlich nur der offensichtliche, für alle sichtbare Teil deiner Anstrengungen. Der nicht sichtbare Teil ist viel subtiler. Denn Erfolg ist letztlich eine Optimierungsaufgabe und gehorcht dem Rationalitätsprinzip. Demnach hast du zwei Möglichkeiten: das gewählte Ziel entweder mit möglichst geringem Aufwand zu erreichen (Minimalprinzip) oder das gewählte Ziel mit gegebenem Aufwand möglichst gut zu erreichen (Maximalprinzip). Die Optimierungsaufgabe besteht nun darin, das Verhältnis zwischen Input (Zeit, Aufmerksamkeit, Talent) und Output (Ergebnissen) zu maximieren.

$$\frac{Output}{Input} \to Max!$$

Unnötig harte Arbeit, Nachtschichten oder Sonntage am Schreibtisch sind also kein Wert an sich, weder besonders ehrenhaft noch Symbol moralischer Überlegenheit, sondern einfach nur Ausdruck deines Missverständnisses darüber, was effektives Arbeiten bedeutet. Dabei gilt für Kopfarbeiter dasselbe wie für Leistungssportler: Intellektuelle Energie wirkt in Sprints am besten. Wer sich übertrainiert und überarbeitet, wird weniger effizient. Daher wechseln Phasen der Belastung mit Phasen der Entlastung ab. Dieser Wechsel ist die Grundlage *jeder* erfolgreichen Tätigkeit: Du trainierst, der Körper ermüdet und deine Leistung sinkt. Wenn du jetzt eine Pause einlegst, regeneriert nicht nur deine erschöpfte Energie, sondern du machst danach auf einem höheren Niveau weiter als zuvor. Dieses Prinzip heißt Superkompensation und beschreibt das allmähliche Erweitern kleinster Erfolge. Du setzt auf Dauer und Beharrlichkeit statt kurzfristigen Aktionismus. Denn während Zeit endlich ist, lautet die gute Nachricht, dass Energie es nicht ist. Energie kann gesteigert, erneuert und gegen Zeit getauscht werden. Achte also nicht auf deine Zeit, sondern auf deine Energie:

- Was erschöpft deine eigenen Ressourcen?
- Was hilft dir, deinen Akku wieder aufzuladen?
- Welche Energievampire nagen an dir?

Es ist die Energie deines Tuns, auch bekannt als *Drive* oder *Spin*, die den Weg zu deinen Zielen ebnet. Umso entscheidender ist es zu wissen, was du willst, was du kannst und über welche Ressourcen du verfügst. Meistens sind persönliche Krisen nämlich versteckte Energiekrisen. Erschöpft, erledigt, Akku alle … Pausen sind also erlaubt, besonders nach Sprints. Dann durchbrichst du deine Routine und gibst die Verantwortung ab. An diesen Tagen dreht sich die Welt eine Runde ohne dich.

#13 SUCHE EINE GENIALE IDEE

Die Wahrheit ist: Ideen werden überschätzt. Sie sind wertlos, weil jeder welche hat. Hunderte! Tausende! Es gibt einfach zu viele. Für gewöhnlich denken wir bei Erfolg an einen genialen Geistesblitz, eine große Idee oder eine neue Erfindung. Aber Inspiration ist für Anfänger. Die eigentliche Arbeit beginnt *nach* der Idee. Erst in den Niederungen der Umsetzung trennt sich die Spreu vom Weizen. Was wir »Erfolg« nennen, wird über Jahre hinweg auf einem Weg voller Widerstände, Erniedrigungen und Zurückweisungen ausgeschwitzt. Thomas Edisons berühmter Vorschlag zur Gewichtung lautet daher: 1 Prozent Inspiration und 99 Prozent Transpiration. Das ist der Grund, warum sich Erfolg so gut anfühlt. Denn im tiefsten Inneren weißt du, dass nicht alles ein Erfolg sein kann, dass es schwer sein *muss*. Oder glaubt hier noch irgendjemand an die Zahnfee?

Die Idee ist immer nur der Anfang. Danach stehst du schnell vor der Frage, wie viel Professionalität steckt in dir. Die beginnt nämlich genau dort, wo du *keine* Lust hast, dich *völlig* uninspiriert fühlst, aber *trotzdem* hinsetzt. Auf dem Weg zu diesem Profi schlage ich ein schrittweises Programm vor:

1. Erstelle täglich einen Fokusblock á 60 Minuten.
2. Kannst du eine Stunde fokussiert arbeiten? Frei von Ablenkungen, ohne Telefon, Internet und Unterbrechung? 95 von 100 Personen können es nicht.
3. Wiederhole Schritt 1 am darauffolgenden Tag.
4. Setzt du dich am nächsten Tag wieder hin? Hältst du eine Woche täglicher Fokusblöcke durch?
5. Bearbeite mehrere Fokusblöcke täglich.
6. Ab hier übertrittst du eine magische Grenze und verfügst über alle notwendigen Kenntnisse, Fertigkeiten und Erfahrungen für den Endgegner:
7. Beende das Projekt!

Der saubere Abschluss begonnener Projekte ist die größte Herausforderung der Menschheit. Von 100 Projekten bleiben 99 irgendwo vorher stecken. In diesem uferlosen Meer erfolglos unbeendeter Projekte waren, sind und bleiben erfolgreich beendete Projekte eine seltene Ausnahme.

#14 BEEILE DICH

Rechne damit, dass alles, was lohnenswert ist, *sehr* lange dauern wird. Auch wenn sich alle nur für die Früchte interessieren, wächst kein Baum an einem Tag. Alles Gute braucht Zeit. Wäre da nicht die Geschwindigkeit unserer Medien. Vor allem die Sofortigkeit des Internets prägt unsere gesellschaftlichen Tempovorstellungen und -erwartungen. Die Ansage lautet: Jetzt! Die resultierende Ungeduld und Rastlosigkeit gelten als viel beklagte Symptome des Digitalen Zeitalters. Dabei muss die Geschichte des Erfolgs eigentlich als Warten erzählt werden, als Unterschied zwischen Sommer- und Wintergetreide. Während Sommergetreide schon nach einem halben Jahr erntereif ist, wird Wintergetreide im Herbst ausgesät, keimt auf, verfriert über Winter, wächst im Frühjahr heran und kann erst im nächsten Sommer geerntet werden. Dann übertreffen die Erträge die Sommersorten jedoch um ein Vielfaches. Deshalb weiß jeder Bauer, dass er immer nur das ernten wird, was er gesät hat. Es gibt keine Abkürzungen: Ungeduldig beobachtet er das Wachstum – geduldig wartet er auf die Ernte.

Aber selbst wenn du *weißt*, dass Warten eine Voraussetzung der Ernte ist, dass Warten zum Wesen aller Dinge gehört, die sich entwickeln wollen und dass nichts, auf das es sich lohnen würde zu warten, schnell geht – werden dadurch die Wartezeit und die Widerstände bis zur Ernte erträglicher?

Wenn dir Warten schwerfällt, täuscht dein Eindruck nicht: Warten ist verdammt schwer. Aber nicht nur die Kurzatmigkeit unserer Instant-Gratification-Kultur macht es so schwer. Hinzu kommt, dass wir unseren Blick ausschließlich auf erfolgreiche Menschen richten. Individueller Erfolg, Konsum und Luxus sind unsere Fixierung. Menschen, die es geschafft haben, die sich in der Erntephase ihres Lebens befinden, werden als reich, schön und glücklich dargestellt: »Schaut, so sehen Gewinner aus«. Es gleicht einem kollektiven Selbstbetrug: Obwohl 80 Prozent aller Start-up-Gründungen nach fünf Jahren insolvent sind, reden alle über strahlende Gewinner wie Airbnb, Uber und Snapchat. Nur die vorherigen Mühen der Aussaat, die Verzweiflung und Rückschläge des Aufwuchses und die Ernteverluste mag niemand sehen.

Um all das einigermaßen erträglich zu machen, braucht es eine gute Mischung aus kurzfristigen und langfristigen Zielen. Die kurzfristigen Ziele verschaffen dir Lebendigkeit, die langfristigen Ziele verschaffen dir Sinn. Wer nämlich seine gesamte Aufmerksamkeit und Energie auf die Erreichung kurzfristiger Ziele konzentriert (Konsum, Events etc.), darf sich zwar unglaublich fleißig und umtriebig fühlen, verliert aber die Dinge aus den Augen, die am Ende den ganzen Unterschied zwischen einem *funktionierenden* und einem *großartigen* Leben ausmachen. Nichts, das du dir kaufen kannst, bietet dir eine Antwort auf deine Lebensfragen, die länger als drei Tage hält. Es gibt einen Grund, warum die Eintagsfliege keine großen Visionen hat. Aber du hast Zeit! Vielleicht hat die Zeit gar nicht die Wichtigkeit, die ihr für gewöhnlich beigemessen wird. Oft reicht es, Dinge anzustoßen und die Entwicklung aufmerksam zu beobachten. So gibst du deinen Mitspielern auch die Möglichkeit, Fehler zu machen.

#15 ÜBERSCHREITE GRENZEN

Grenzen genießen keinen besonders guten Ruf. Schließlich sind sie der Grund, weshalb wir nicht so können, wie wir gerne würden. Leistungsgrenzen (60-Stunden-Woche), Organisationsgrenzen (Kindergartenschließzeit: 17:00 Uhr), Flexibilitätsgrenzen (Familienleben) und Ressourcengrenzen (Dispolimit): Wer Maximalansprüche an sein Leben stellt, stößt schnell an Grenzen. Diese stehen dann der Verwirklichung des gewünschten High-End-Lebens im Wege. Dabei sind Grenzen gesund, weil sie uns vor der Selbstüberhitzung schützen. Ist das Spielfeld zu groß, kommt man schnell aus der Puste.

Grenzen definieren Ränder von Prozessen und Systemen. Sie helfen uns, dem Parkinsonschen Gesetz entgegenzutreten. Es besagt, dass sich Arbeit umso stärker ausdehnt, je mehr Zeit zu ihrer Erledigung zur Verfügung steht. Ein Projekt dauert also immer *genau* so lange, wie es dauern darf. Dieses Gesetz gilt für jedes Projekt und in jedem Büro auf dieser Welt.

Deshalb ist *deadline* ein anderes Wort für Grenze. Es wirkt bedrohlicher, unausweichlicher, endgültiger. Es ermahnt uns, mehr Zeit damit zu verbringen, darüber nachzudenken, was genau eigentlich unsere Arbeit ist. Auge in Auge mit der *deadline* geht es immer wieder darum, zu erkennen:

- Welche Tätigkeit wäre als nächstes sinnvoll?
- Was ist neu?
- Was ist anders?
- Was ist dringend?

In dieser Perspektive bedeuten Grenzen nicht länger das Ende, sondern den Anfang. Durch Einschränkungen, Limitationen und Widerstände schaltet das Gehirn nämlich auf kreativen Problemlösungsmodus um, anstatt stumpf auf Autopilot zu laufen. So werden sinnvolle Grenzen zur wichtigen Ressource kreativer Prozesse: weniger Optionen, mehr Leben.

#16 SAG IMMER »JA«

Zu jedem Zeitpunkt deines Lebens gibt es mehr Möglichkeiten und Optionen, als du jemals ergreifen könntest. Wer trotzdem ständig »Ja« und »Hier« ruft, bremst sich zuverlässig aus. Projektstau, hektische Betriebsamkeit und unvollendete Symphonien sind die Folge.

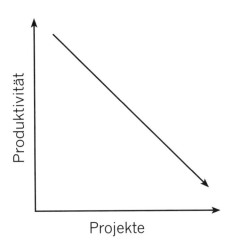

Irgendwann ist zu viel einfach zu viel, und du hast dich in die Handlungsunfähigkeit manövriert: *F.U.B.A.R. (f***ed up beyond all repair)*. Umso wichtiger ist es, »Nein« zu sagen, *bevor* du an Positivität erstickst. Eine *Not-to-do-Liste* kann die nötige Inventur unterstützen.

Ich sage Nein zu:

_____

_____

_____

_____

Die Hauptaufgabe des Zauberwortes »Nein« besteht nämlich darin, nicht zu verstopfen. Denn negative Potenz bedeutet, ausreichend Rand am Leben zu lassen, um neue und vielversprechende Möglichkeiten erkennen und auch ergreifen zu können. Es geht darum, Unnötiges wegzulassen und Fehlerquellen zu erkennen, anstatt immer alles genau richtig machen zu wollen: Welcher Teilschritt des Prozesses (*step*) verlangsamt die Geschwindigkeit (*rate limiting*) auf meinem Weg zum Ziel am stärksten? Was könnte schneller ablaufen, bremst mich immer wieder oder lässt mich regelmäßig scheitern?

Wenn du Erfolg als Problemlösungsmaschine verstehst, dann ist das Suchen und Finden dieser *rate limiting steps* dein Motor. Weniger falsch ist das neue Richtig. Angetrieben durch diesen Prozess wird das, was gestern ein Problem war, morgen keines mehr sein. So entsteht das, was wir »Fortschritt« nennen, *fast* von allein.

#17 »NEIN« IST EINE ANTWORT

Warum erzählen die Biografien erfolgreicher Menschen auffallend häufig Geschichten von Ablehnung und Zurückweisung? Der Musiklehrer von John Lennon und Paul McCartney hielt die beiden Beatles für völlig unbegabt. Der begehrteste Filmkomponist Hollywoods, Hans Zimmer, ist von neun Schulen geflogen, und dem weltberühmten Architekten Frank Gehry wurde noch im Studium ein Berufswechsel nahegelegt. Offensichtlich sind die Biografien erfolgreicher Menschen durchtränkt von einer eigenartigen Immunität gegenüber jeder Form von Ablehnung, Scheitern und Misserfolg. Aber was genau steckt dahinter? Was ist das für eine Fähigkeit?

Resilienz lautet das Modethema, das inzwischen ganze Buchregale füllt. Resilienzprofis werden als Menschen beschrieben, die unabhängig von äußeren oder inneren Umständen, unter großer Anstrengung, Integrität und persönlichem Einsatz, auf höchstem Niveau agieren. Ein Resilienzprofi erträgt Widerstände, bleibt geduldig und nimmt weder Erfolge noch Misserfolge persönlich. Ihm ist persönlicher Stil wichtiger als das Ergebnis. Er beschwert sich beim Donut nicht über das Loch in der Mitte.

Es geht also (mal wieder) *nicht* um *Talent*. Wenn du einen IQ über 120 hast, verkaufe ihn an jemand anderen. Du brauchst ihn nicht, um erfolgreich zu sein. Erfolg hat ganz entscheidend mit einer chronischen Schwerhörigkeit im Bezug auf das Wort »Nein« zu tun. Talent ist eine gute Grundlage, aber nur die wenigsten Türen öffnen sich beim ersten Klopfen. Resilienz bedeutet, so lange zu klopfen, bis die Tür sich öffnet. »Nein« ist eben *keine* Antwort! Alle Biografien erfolgreicher Menschen gleichen sich in diesem *einen* Punkt, der Erfolg von Misserfolg unterscheidet: der Art und Weise, mit Widerständen umzugehen. Also, wie reagierst du auf geschlossene Türen? Wie gehst du mit Ablehnung um? Was würde passieren, wenn du *nicht* alles hinschmeißt, sondern einfach weitermachst?

> »Success is going from failure to failure
> with no loss of enthusiasm«,
>
> WINSTON CHURCHILL.

Die Franzosen haben sogar ein Wort dafür. Es heißt *Bricolage* und meint genau das: vom Pferd geworfen zu werden, wieder aufzusteigen und mit Stolz weiterzureiten. Und das nicht nur einmal, sondern öfters. Denn wichtiger als deine Bildung, Berufserfahrung oder akademischen Titel ist dein persönliches Maß an Widerstandskraft. Das Problem dabei ist nur, dass du immer erst *nach* dem Abwurf weißt, wie stark deine Resilienz ist.

#18 GEH AUF NUMMER SICHER

Wer über Erfolg spricht, muss auch über Risiken reden. Natürlich ist es riskant, Bestehendes zu hinterfragen. Natürlich ist es riskant, dort anzufangen, wo erst einmal nichts ist. Natürlich ist es riskant, aufzugeben, wer man gerade ist, um der zu werden, der man sein kann. Aber genauso riskant ist der Versuch, alles unter Kontrolle zu behalten. Es ist die Wahl zwischen Hitzeschock oder Kältestarre, obwohl du eigentlich keine Wahl hast. Es gibt keinen Rauch ohne Feuer. Fällt es uns nicht deshalb so schwer, alles richtig zu machen, weil es schlichtweg *unmöglich* ist? Scheitern ist ein realistisches Risiko *jeder* Handlung. Aber wir sind verliebt in den Triumph. Heldengeschichten durchziehen die Menschheit. Scheitern genießt leider keinen guten Ruf. Aus Angst vor der Blamage oder aus Scham rücken wir das Scheitern nur selten ins Rampenlicht. Wer scheitert, schweigt.

Während meines Musikstudiums habe ich das Gegenteil erlebt: Schlagzeuger machen die lautesten Fehler.

Ausreden zwecklos. Jeder hat es gehört. Aber nicht nur in der Musik birgt die Schönheit des Scheiterns ihre ganz eigene, raue Romantik. Unmissverständlich weist das Scheitern uns darauf hin, an welcher Stelle es mehr Aufmerksamkeit, mehr Konzentration und mehr Zuwendung braucht. Es ist stets ein Hinweis auf eigene ungenutzte Ressourcen. Wer Erfolg hat, feiert, aber wer scheitert, reflektiert. Deshalb sollten wir nicht immer nach dem ROI *(Return on Investment)* fragen. Ich plädiere für eine neue Fehlerkultur, die stattdessen nach dem ROM *(Return on Mistakes)* fragt. Auf überqualifizierte Stellen bewerben? Mit Bitcoins spekulieren? Beim Ironman mitlaufen? Egal! Wenn Irrtümer, Fehler und Scheitern tatsächlich die Voraussetzung persönlicher Entwicklung sind, dann sind Risiken ihr Treibstoff. Es geht darum, wagemutig zu sein und in einem Bereich mal alles zu setzen. Epische Abenteuer beginnen meist nicht mit einem Grünkohl-Smoothie.

#19 DER FEIND VON BESSER IST GUT

Stimmt nicht. Der Feind von Gut ist Besser. Niemand schafft 100 Prozent. Es bleibt immer dieser penetrante Rest, diese Lücke zwischen Leben und Ideal, zwischen Realität und Idealität, dieses »fast«. Wie ein Riss durchzieht die Unvollkommenheit aller Dinge unser gesamtes Tun. Dabei wird es *niemals* perfekt sein, weil das ganze Leben asymptotisch verläuft.

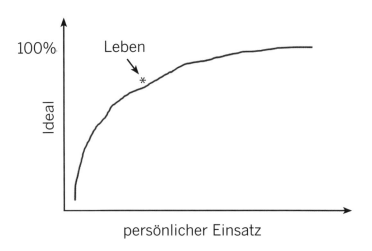

Es geht nur so gut wie möglich – besser nicht. Wenn du zum Beispiel deine Kinder *und* deine Arbeit liebst, gibt es keine Lösung für dich. Es gibt nur Kompromisse, nur ¾-Sachen. Finde dich damit ab oder brenne bei dem Versuch, es »perfekt« zu machen, aus.

Wer von sich selbst behauptet, Perfektionist zu sein, hat nur eine schlaue Ausrede für seine Angst vor Fehlern gefunden. Dann werden edle Perfektionsansprüche als Ausrede bemüht, niemals anzufangen und am Ende gar nichts zu erreichen. Für Linderung sorgt die berühmte Theorie des Grenznutzens mit ihrer Erkenntnis, dass Aufwand und Nutzen ab einem bestimmten Punkt nicht mehr im Verhältnis stehen. Das bedeutet, dass ein Projekt nicht automatisch besser wird, bloß weil man länger, härter oder intensiver daran arbeitet. Im Gegenteil, *Verschlimmbessern* ist ein realistisches Risiko jeder Perfektionsfantasie. Dabei muss es nicht perfekt sein. Gute Arbeit zu machen reicht. Es geht um das Erledigen und nicht um den Nobelpreis (siehe * in der Abbildung links). Aber welches »gut« ist gut genug? Wenn es dir unter den gegebenen Umständen gelingt, konsequent besser als der Durchschnitt zu sein, bist du schon auf dem Weg zur Exzellenz. Denn in der Zone zwischen *zufriedenstellend* und *perfekt* gibt es immer noch die Kategorie *überdurchschnittlich*.

#20 MACH ES KOMPLIZIERT

Wenn du wirklich sicher sein möchtest, dass dich niemand versteht, musst du nur möglichst viele zusammenhangslose Details aufzählen und am Ende betonen, dass all dies natürlich sehr *kompliziert* und wahnsinnig *komplex* sei. Diese Strategie gilt als anerkannter Ausdruck von Expertentum. Nur leider führt sie in die völlig falsche Richtung. Jeder Scheinriese kann ein beliebiges Thema *sehr groß* und *sehr komplex* erscheinen lassen. Umgekehrt erfordert es aber unglaublich viel Mut und Courage, in die andere Richtung zu gehen, Dinge einfach und verständlich zu erklären. Groß ist die Befürchtung, als Einfaltspinsel dazustehen. Wer möchte schon gern als simpel gelten oder sich vorwerfen lassen, nicht alle Wenns und Abers ausführlichst bedacht zu haben?

Die aktuelle Gesundheitsreform in 30 Sekunden erklären? In fünf Minuten einen ganzen Businessplan vorstellen? Ein zweiseitiges Exposé des Jahresberichts verfassen?

Wenn du es nicht *kurz und einfach* kannst, brauchst du es *lang und kompliziert* gar nicht erst zu probieren. Dann tu dir und den anderen den Gefallen, einfach nichts zu sagen. Konzepte, Ideen und Inhalte kurz, einfach und klar kommunizieren zu können – nicht nur mündlich, sondern vor allem schriftlich – ist aber nicht nur unglaublich schwer, sondern auch (Achtung Großbuchstaben) UNGLAUBLICH WICHTIG.

- Gedacht ist nicht gesagt.
- Gesagt ist nicht gehört.
- Gehört ist nicht verstanden.
- Verstanden ist nicht zugestimmt.
- Zugestimmt ist nicht umgesetzt.

Es ist gefährlich, alle Einzelheiten möglichst ausführlich zu besprechen und dann darauf zu hoffen, dass es schon irgendwie funktionieren wird. Das Rezept gegen diesen verbreiteten Irrglauben buchstabiert sich K.I.S.S.: *keep-it-simple-and-stupid*. Dazu gehört der ultimative Großeltern-Test: Erkläre deiner Oma innerhalb von drei Minuten, woran du im Moment arbeitest. Wenn sie es verstanden hat, bedeutet das zwei Dinge: erstens, dass du es selber verstanden hast, und zweitens, dass du die richtige Ebene gefunden hast, um mit anderen Menschen über deine Projekte, Ideen und Visionen zu sprechen. So reift Einfachheit zur höchsten Stufe der Abstraktion heran. Nur übertreiben sollte man es nicht: Erkläre Dinge so einfach wie möglich, aber auch nicht einfacher.

#21 VERMEIDE ÜBERFORDERUNG

Erfolg macht lernbehindert. Er verdammt uns dazu, immer wieder dasselbe zu tun und alte Erfolgsrezepte zu wiederholen. Wenn du aber immer nur das tust, was du schon gut kannst, bleibst du genau dort stehen, wo du bist. Es ist der Fluch des eigenen Erfolgs, der dich im Treibsand der Wiederholung versinken lässt. Du hörst auf zuzuhören, lernst nichts mehr dazu, und es droht eine Mischung aus Stagnation, Ignoranz und Größenwahn. Was du jetzt brauchst, sind »gute Probleme«. Du brauchst produktive Überforderung.

Geeignet sind Projekte, die haarscharf an der Grenze des Machbaren liegen. Projekte, deren Anforderungen dein Können knapp übersteigen. In dieser Schere zwischen dem, was du willst oder sollst (Anforderung) und dem, was du kannst (Können), entstehen die »guten Probleme«. Es sind gute Probleme, weil sie uns als Scheinwerfer dienen. Sie erhellen das Potenzial für persönliches Wachstum. Die größte Gefahr für geisti-

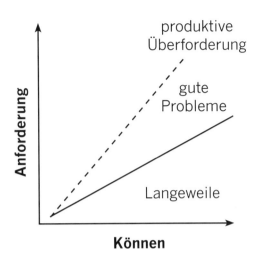

ge Stagnation sind nämlich zu niedrige Ziele. Denn das Schlachtfeld auf dem Weg zu einem besseren Leben ist dein Gehirn – es leistet immer das, was es leisten soll. Wer viel von sich erwartet, wird auch viel schaffen. Egal ob beim Laufen, Schwimmen oder Fahrradfahren lernen, im Kindes- oder Erwachsenenalter, es sind immer die gleichen vier Zutaten, die ein *optimaler Konflikt* braucht:

1. Interesse an der Herausforderung
2. Grenzerfahrung
3. chronische Frustration
4. ausreichend Unterstützung

Die Unsicherheit oder Angst, die sich dabei regt, ist der Preis dafür, dass du dein Leben selbst in die Hand nimmst. Die Übergänge zwischen Über- und Unterforderung sind jedoch fließend: Wer es sich zu schwer macht, landet im Chaos. Wer es sich zu leicht macht, landet auch im Chaos. Deshalb ist produktive Überforderung weniger eine Methode als vielmehr gelebtes Leben. An die eigenen Grenzen gehen, sich heute anstrengen für ein besseres Morgen, Überforderungen annehmen – wer macht das schon gerne? Aber Kontraste machen das Bild scharf. Das ist nicht nur beim Fernsehen so.

#22 VERGLEICHE DICH

Der sicherste Weg zur Selbstsabotage ist die Vergleichsmaschine Internet. Wie soll ich leben? Was soll ich tun? Wer möchte ich sein? Wenn du es bei der Geschwindigkeit zur Beantwortung dieser Fragen mit dem Internet aufnehmen möchtest: Go for it!

Doch bei diesem Wettbewerb kannst du nur verlieren. Es wird immer jemanden mit mehr Freizeit, mehr Geld, mehr Spaß und mehr Freunden geben (zumindest denkst du das). Aber lass dich nicht von digitalen Spiegelbildern erpressen. Die machen nicht nur chronisch unzufrieden und unglücklich, sondern haben vor allem überhaupt nichts mit dir zu tun. Das Leben, das du suchst, wirst du in keinem Clip, Tweet oder Post dieser Welt finden. Fragt man Sterbende, was sie am meisten bereuen, lautet die häufigste und heftigste Antwort: gegen die eigenen Wünsche gelebt zu haben. Irgendwie scheint das Leben nicht in die richtige Richtung gelaufen zu sein. Es hat an Mut gefehlt, den Umständen des eigenen Lebens furchtlos in die Augen zu blicken, sich zu fragen, ob man damit zufrieden ist oder nicht, und daraus Konsequenzen abzuleiten, die Entscheidungen mit sich bringen, deren Ausgang unbekannt sind. Nur, wie könnte es besser laufen?

Endlose Plus-Minus-Listen, ausgefeilte Selbstmanagementtechniken, nächtelanges Grübeln – vergiss es. Am wichtigsten ist es, *überhaupt* eine Entscheidung zu treffen. Alles, was danach kommt, darfst du in entspannter Gelassenheit auf dich zukommen lassen. Warum das alles so nach Lifestyle-Mystik klingt, fragst du dich? Ganz einfach: Wir verstehen das Wesen einer Entscheidung falsch. Eine Entscheidung funktioniert anders als bei *Wer wird Millionär*, wo nur *eine* Antwort richtig ist und alle anderen falsch. Im richtigen Leben ist es im Moment der Entscheidung unmöglich abzusehen, wie die Dinge sich entwickeln werden. Es gibt kein Richtig oder Falsch. Es gibt keine *guten* Entscheidungen. Es gibt nur Entscheidungen, die gut werden könnten. Deshalb ist es so wichtig, in dem Moment, in dem du dich entschieden hast, aufzuhören, dich zu vergleichen. Du hast dich entschieden. Fertig. Ab jetzt schaust du nicht mehr zurück.

Als wichtigen Hinweis möchte ich die Warnung aussprechen, dass du nun jedoch vor der unlösbaren Aufgabe stehst, dir trotz der angebrachten Entschiedenheit ausreichend Bescheidenheit zu bewahren, um Irrwege oder Fehler zu erkennen.

Vielleicht ist es besser, man findet sich gleich damit ab, dass es *nie* richtig sein wird: Entweder ist man der arrogante Egoist (> Entschiedenheit) oder der wachsweiche Leisetreter (> Bescheidenheit). Es gibt einfach zu wenige Zwischentöne. Lass dir also nicht von jedem erzählen, wer du bist oder wie du leben solltest, um das zu erreichen, was andere als »Erfolg« bezeichnen. Erblinde nicht durch die Meinung *irgendwelcher* Leute. Am Ende geht es darum, ob du das Leben so gelebt hast, wie *du* es dir vorgestellt hast. Vergleiche helfen dann auch nicht mehr. Das Bild, das andere Menschen von dir haben, sagt ohnehin mehr über die anderen als über dich. Zwar lässt sich im Spiegel seiner Mitmenschen viel über sich selbst lernen, aber Bescheidenheit bedeutet eben auch, sich im richtigen Moment zu verbeugen.

#23 LERNE NUR VON DEN BESTEN

Mit Abschluss der Schule, Ausbildung oder Universität endet eine Lebensphase, in der man fast ausschließlich von Menschen gelernt hat, die erfahrener, reifer und smarter waren als man selbst. Das ändert sich mit dem Einstieg in die Arbeitswelt dramatisch. Fortan sind die meisten Menschen, mit denen du täglich zu tun hast, *nicht* smarter, als du es selbst bist. Wenn du nun jedoch weiterhin der Meinung bist, nur von den Besten etwas lernen zu können, wird diese Einstellung zu einer verlässlichen Quelle alltäglicher Enttäuschungen.

Zum Glück gibt es aber nicht nur von guten Mentoren oder brillanten Kollegen eine Menge zu lernen. Schließlich gibt es mehr miese Chefs als gute Chefs. Passives Lernen bedeutet, aus den Fehlern der anderen zu lernen statt aus den eigenen. Denn Fehler, die andere machen, musst du nicht selbst begehen. Zu diesem Zweck beobachtest du aufmerksam Kollegen oder Mitmenschen, von denen du denkst, dass sie falsch handeln. Dadurch eröffnen sich unendliche Lernmöglichkeiten. Die entscheidende Frage lautet dabei: Was hätte ich mit diesem Problem oder in jener Situation getan?

Nicht umsonst tragen amerikanische Kirchenanhänger bunte Armbändchen mit den Buchstaben *W.W.J.D.* Diese Abkürzung steht für: *What would Jesus do?* Alternativ würden Basketballfans fragen *What would Jordan do?* oder Hip-Hop-Fans *What would Jay-Z do?* – die Idee bleibt aber stets dieselbe: Wie würde dein Vorbild in dieser Situation reagieren oder handeln:

Was würde _____ tun?

#24 ZIEHE ES ALLEIN DURCH

Wenn man alleine rudert, dreht sich das Boot schnell im Kreis. Als Einzelkämpfer ist es unglaublich einfach, sich zu verlieren, entmutigen zu lassen oder Irrwege einzuschlagen. Deshalb brauchst du einen Mentor. Das ist ein Mensch, den du als inspirierend oder positiv empfindest und der schon länger dort ist, wo du gerne hin möchtest. Dieser Mentor spielt eine sehr wichtige Rolle. Er schenkt dir die nötige Orientierung, Zuversicht und Courage. Denn Menschen lernen durch Osmose, durch die Anziehung niedrigerer Konzentration durch höhere Konzentration. Idealerweise verfügt ein Mentor über ausreichend Einfühlungsvermögen, die notwendige Expertise und einen beträchtlichen Weitblick, um einschätzen zu können, wo du gerade stehst und wie deine nächstbesten Schritte aussehen könnten.

Für deine persönliche Entwicklung ist die Bedeutung eines guten Mentors kaum zu überschätzen. Denn wer auf den Schultern von Riesen steht, kann weiter gucken. Also:

- Mit wem besprichst du deine berufliche Entwicklung?
- Wer holt dich zurück auf die Spur, wenn du vom Weg abgekommen bist?
- Wer ist dein Mentor?

Bevor du einen Mentor suchst, denke gut darüber nach, welche Unterstützung du brauchst und was du im Gegenzug teilen oder anbieten kannst. Für wen sind deine Ressourcen nützlich? Wer teilt deine Ziele? Oft sind nämlich gemeinsame Ziele und Tauschgeschäfte (Autorenschaft gegen Beratung oder fachliche Unterstützung gegen Kontakte) die Grundlage hilfreicher Synergieeffekte und Win-win-Situationen. Achte aber bei der Mentorensuche darauf, wem du deine Aufmerksamkeit schenkst. Welche Anzeichen von Expertise oder Professionalität gibt es? Hat mein potenzieller Mentor etwas erreicht, das seinen Aussagen Gültigkeit verleiht? Es sollten Fakten sein, die für deinen Mentor sprechen.

- Vertraue keinen Ernährungstipps von adipösen Diabetikern.
- Ignoriere Anlagetipps von privatinsolventen Versicherungsmaklern.
- Höre nicht auf Karrieretipps befreundeter Schulabbrecher.

Auch wenn jeder glaubt, genau zu wissen, wie es funktioniert (mich eingeschlossen), besteht das meiste von dem, was einem andere erzählen wollen, aus Selbstrechtfertigungen, Binsenwahrheiten oder grobem Unfug. Aus diesem Grund wird das berühmte »Netzwerken« furchtbar überschätzt. Vor allem am Beginn deines Weges geht es viel mehr darum, im ersten Schritt die nötige Substanz zu bilden, Inhalte zu produzieren und das persönliche Profil zu schärfen. In dieser Zeit gibt es nur einen einzigen Menschen, den du von dir überzeugen musst: deinen Chef, Vorgesetzten oder wer auch immer direkt über dein Wohl entscheidet. Später gelangst du an einen Wendepunkt: Dein Profil ist geschärft, deine Ergebnisse sprechen für dich, und andere Menschen können leicht erkennen, worin deine unverwechselbaren Stärken bestehen. Jetzt hast du etwas anzubieten (Wissen, Kompetenzen, Inhalte), und es ist tatsächlich an der Zeit, aktiv zu netzwerken. Von nun an wird dein Erfolg ganz wesentlich durch einen Faktor bestimmt: Sichtbarkeit. Diese Reihenfolge ist unbedingt einzuhalten, da andernfalls ein Negativeffekt droht: Wer substanzfrei an die Außenwelt tritt, beleidigt die Intelligenz seiner Mitmenschen.

#25 BITTE UM ERLAUBNIS

Die meisten Ideen lassen sich nur sehr schwer *beschreiben*. Um sie zum Leben zu erwecken, muss es getan, gemacht, umgesetzt werden – und zwar von dir selbst. Worte zählen nicht, weil sich niemand den Wert, die Genialität oder die Unverzichtbarkeit von etwas vorstellen kann, das noch gar nicht existiert. Nur die Tat bietet die Chance einer wirklichen Veränderung. Wenn du es nicht tust, wird es keiner tun, und du kannst deine ach-so-tolle-Jahrhundert-Idee in dem dicken Ordner »ungeborene Geistesblitze« abheften. Obwohl die Tat aber die einzige Möglichkeit ist, um aus dem Schlaf der Selbstvergessenheit zu erwachen, ist es unser tiefverwurzelter Glaube, für alles eine Erlaubnis zu brauchen, der uns am häufigsten davon abhält, unsere Ideen umzusetzen und eigene Potenziale zu entfalten. Hauptverantwortlich für diese Ladehemmung sind aber weder schlechte Rahmenbedingungen noch Ideenmangel oder Zeitnot, sondern die falsche Zurückhaltung, auf Entscheidungen *zu warten*, anstatt Entscheidungen *zu treffen*. Wenn Studien zufolge nur 5 Prozent der Bevölkerung überhaupt in der

Lage sind, Entscheidungen zu treffen, dann bedeutet das umgekehrt, dass 95 Prozent der Leute nicht entscheidungsfähig sind. Gehörst du zu den 95 Prozent? Oder wirfst du dich auf deine Ziele und machst einfach?

Nicht fragen – einfach machen eröffnet nämlich zwei große Vorteile: Zum einen minimierst du so die Chance auf Ablehnung (mit einem »Nein« zu antworten ist immer sehr viel einfacher als mit einem »Ja«) und zum anderen lernst du in jedem Fall etwas dazu und kommst ein Stück voran. Denn egal, was du tust und ob das Ergebnis gut oder schlecht ausfällt: Du erzielst *immer* ein Ergebnis. Deshalb ist es so wichtig, *überhaupt* etwas zu tun. Denn die Realität deines Lebens folgt stets der Tat. Sie ist der Ausdruck deiner Einstellung zum Leben. Wer auf Entscheidungen zur Tat verzichtet, hält sich vielleicht alle Türen offen, aber verbringt sein Leben dann trotzdem auf dem Flur.

#26 GIB DEN ANDEREN DIE SCHULD

Abgabefrist verpasst, Termin vergessen, Aufgaben nicht erledigt oder einfach keine Lust? Egal! »Faule Ausrede« heißt das beliebte Gesellschaftsspiel.

Regel #1: Überzeugt werden müssen nur die anderen.
Regel #2: Die Verfehlung darf *niemals* etwas mit dir zu tun haben.

Hier die Top-Ten der häufigsten Spielantworten:
- #1 Zeit (zu wenig)
- #2 Arbeit (zu viel)
- #3 Kollegen/Team (zu schlecht)
- #4 Internet, Mail, Drucker (zu kaputt)
- #5 Handy-Akku (zu leer)
- #6 Autobahn (zu voll)
- #7 Kinder (zu viele/zu krank)
- #8 Interesse (zu wenig)
- #9 Projektfinanzierung (zu gering)
- #10 Krankheit (zu kurzfristig)

Als Spielvariante kannst du versuchen, Ausreden mit einem vorher festgelegten Buchstaben des Alphabets zu finden: *S* wie *S*tau, *K* wie *K*inder oder *H* wie *H*austürschlüssel würden sich anbieten. Gewinner des Spiels ist, wer am Ende verstanden hat, dass diese zehn Ausreden (und eine Million weiterer) nur darauf warten, deine Mitmenschen davon zu überzeugen, dass dir der Mut und die Integrität fehlen, die gestellten Anforderungen anzunehmen. Denn es gibt nur zwei Möglichkeiten: Entweder man erledigt seinen Kram oder man sucht nach Ausreden. Beides geht nicht.

Natürlich existiert zu jedem denkbaren Zeitpunkt *immer* eine unendliche Anzahl von Gründen (a.k.a. »Problemen«), die dich davon abhalten, das zu tun, was du tun möchtest, solltest oder müsstest. Aber am Ende gibt es nur *einen* Grund, warum du es *doch* tust. Dieser Grund bist: Du! Denn es geht um persönlichen Stil als Fundament deines gesamten Tuns.

Klar reden alle über »schlechte Rahmenbedingungen« oder »ungünstige Umstände«. Aber Rahmenbedingungen sind im besten Fall nur eine Voraussetzung für Erfolg. Setze zwei Personen in dieselben »Rahmenbedingungen«, und beide werden das gleiche Ziel auf völlig verschiedenen Wegen erreichen.

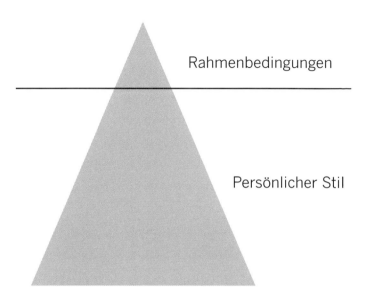

Rahmenbedingungen

Persönlicher Stil

Guter persönlicher Stil bedeutet, die Verantwortung für dein Handeln nicht an »ungünstige Umstände« oder »die Anderen« abzugeben. Die traditionelle japanische Morita-Therapie kommt dem sehr nahe: Es wird niemals danach gefragt, was *andere* dir angetan haben, sondern nur, was du *selbst* tun kannst, um deine Situation zu verbessern. Der emotionale Schmerz, den deine Eltern, deine Klavierlehrerin oder dein toter Wellensittich verschuldet haben, steht nicht im Fokus. Die Morita-Therapie erlaubt keine Antwort auf die Frage, welche Probleme die anderen für dich verursacht haben, sondern untersucht, was du für die anderen tun kannst.

Vielleicht bedeutet Erwachsenwerden ja genau das: aufzuhören, seine Zeit mit der Suche nach Ausreden zu verbringen. Verantwortung für das eigene Handeln zu übernehmen. Sein Bestes zu geben, anstatt Sündenböcke zu suchen. Zu sagen: »Ich nehme die Herausforderung an«, egal wie unlösbar das Problem oder übermenschlich die Aufgabe scheint.

Sie: »Morgen Nachmittag um 15:00 Uhr brauche ich auf dem Kindergeburtstag meiner Tochter ein Kamel, zwei Seiltänzer und eine Hüpfburg.«

Du: »Klar, kein Problem! Soll das Kamel einhöckrig oder zweihöckrig sein?«

#27 UNTERDRÜCKE JEDEN ZWEIFEL

Wissen gilt als Grundlage eines gelungenen Lebens. Ohne Wissen geht nichts. Von Schulen und Universitäten wird daher erwartet, ganz viel davon zu vermitteln. Tatsächlich beginnen auch viele Studenten ihr Studium in der Annahme, allerhand Wissen zu erlangen. Aber diese Erwartung *muss* enttäuscht werden. Wenn alles gut geht, gewinnt man nämlich nichts, sondern lernt, alles zu verlieren. Denn Bildung hat die Aufgabe, bestehende Gewissheiten, Überzeugungen und Annahmen über die Welt zu hinterfragen und Zweifel zu säen. Vielleicht ist es ja doch ganz anders als gedacht?

Diese Aufforderung zum Zweifel ist die bedeutendste Errungenschaft der Moderne. Schon vor über 400 Jahren hat uns der große Aufklärer René Descartes ins Klassenheft geschrieben, dass es ohne Zweifel kein Wissen gibt. Der Zweifel ist ein gutes Werkzeug, um das Denken zu fördern: Ist das, was ich denke und tue, richtig? Woher weiß ich, was ich weiß? Könnte es auch anders sein?

Bestehendes anzuzweifeln heißt zu begreifen, dass Köpfe auch zum Schütteln da sind. Das ist zwar riskant – es drohen Panikattacken durch Kontrollverlust, Angst vor Nicht-Wissen und Angreifbarkeit durch Nicht-Zweifler –, aber es geht nicht anders. Wer behauptet, genau Bescheid zu wissen, wie es läuft, erblindet am eigenen Erfolg. Der beruht nämlich immer auf gelösten Problemen der Vergangenheit. Mit den neuen Problemen haben die alten Lösungen kaum etwas zu tun. Stattdessen verzerrt die Fehlannahme, genau Bescheid zu wissen, die eigene Wahrnehmung und gießt deine Füße in Beton.

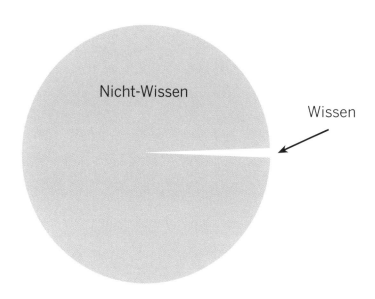

Ziehe daher die Möglichkeit in Betracht, dass in diesem Moment, in dieser Situation, bei diesem Projekt/Problem/Job alles ganz anders sein könnte als zuvor und du es einfach *nicht* weißt. Rechne damit, dass der Ozean deines Nicht-Wissens unendlich viel größer ist als der Tropfen deines Wissens.

Deshalb ist es so wichtig, erst zu hören und dann zu sprechen, erst zu verstehen und dann verstanden zu werden. Denn das gute Leben entsteht erst dort, wo sich Wissen und die Fähigkeit zum Nicht-Wissen verbinden.

#28 KOMM ENDLICH AN

Ein türkisches Sprichwort sagt: »Ist das Haus gebaut, kommt der Tod«. Gemeint ist die »tödliche« Enttäuschung über erreichte Ziele im Leben. Studienabschluss, eigenes Auto, erster Job, Bonuszahlung, Beförderung, Eigentumswohnung ... Wie lange hält die Freude darüber wirklich an? Auch Reinhold Messner musste irgendwann schmerzvoll feststellen, dass es nur 14 Berge auf der Erde gibt, die höher als 8000 Meter sind. Schnell hatte er alle Gipfel bestiegen und seinen Zielvorrat verbraucht. Statische Ziele sind deshalb keine gute Idee. Egal ob Mount Everest, Promotion oder Tesla, irgendwann ist jedes Ziel erreicht und dann bleibt nur noch eine Richtung: *unten*. Statt also »endlich anzukommen« und ein enttäuschtes Decrescendo anzustimmen, entfalten kontinuierlich überdachte, angepasste und erweiterte Ziele ein kunstvolles Crescendo. Es geht darum, seine Ziele im Grunde nie vollständig zu erreichen bzw. ständig weiterzuentwickeln; nicht nur auf den Sieg zu achten, sondern auch auf den Prozess.

Wären wir nicht so ungeduldige Wesen! Wer will schon die Reise zum Ziel *wirklich* erleben? Wir wollen Resultate sehen. Möglichst schnell und möglichst sofort. Wie beim Zugfahren: Du steigst nur in den ICE, um schnell von A nach B zu kommen. Während der rasanten Fahrt verpasst du aber alles, was diesen Weg von A nach B eigentlich erst interessant macht. Alte Gutshöfe, das Rauschen der Bäume, das Spiel zwischen Sonne und Wolken, was auch immer. Aber du willst nur endlich ans Ziel kommen. Das Erlebnis deiner Reise verpasst du jedoch. So verengt sich das Leben in der totalen Ausrichtung auf ein Ziel, das im Moment des Erreichens doch wieder nur ein weiterer ganz normaler Moment ist.

Entwicklungspsychologen widersprechen der verbreiteten Endlich-Ankommen-Romantik ebenfalls. Bis vor Kurzem waren sie noch der Meinung, dass wir 80 Prozent der identitätsbestimmenden Entscheidungen bis zum Alter von 35 Jahren getroffen haben. Neuere Erkenntnisse sprechen gegen diese wenig dynamische Sichtweise.

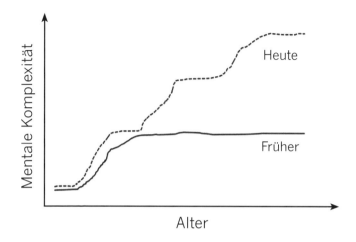

Die geistige Entwicklung muss *nicht* im jungen Erwachsenenalter enden, sondern kann weitere Entwicklungsstufen beschreiten. Das bedeutet zwei Dinge: Erstens, es hört *nie* auf, und zweitens, warte auf nichts – es kommt nie wieder.

#29 VERMEIDE LANGEWEILE

Wo sind sie geblieben, die verregneten Nachmittage ohne Hausaufgaben, endlose Sommerferien und Sonntage im Bett? Wo ist die Langeweile geblieben? Ständig gibt es etwas zu tun. So vieles, was man noch erledigen, erleben, verstehen oder sehen müsste. Davon gilt es möglichst viel in möglichst kurzer Zeit zu schaffen. Am Ende ist dann im Job *und* in der Freizeit alles so durchgeplant und prozessoptimiert, dass man kaum noch atmen kann. Irgendetwas wird die Langeweile schon verhindern. Dabei lautet der Imperativ des kreativen Kopfarbeiters: »Habe den Mut, dich zu langweilen«!

Das Gehirn ist nämlich kein Muskel, dessen Leistungskraft sich dank Gehirnjogging beliebig steigern ließe. Das Gehirn ist eine veränderliche, stark mit dem Körper verbundene, frei assoziierende und vor allem *unverstandene* Instanz. Weil niemand wirklich weiß, wie das Gehirn funktioniert, müssen wir uns auf die gut belegte Beobachtung verlassen, dass pure Langeweile der beste Nährboden für neue Ideen und frische Gedanken ist. Unter der Dusche, beim Zugfahren oder im Patentamt von Bern (dort erlebte Albert Einstein den entscheidenden Heureka-Moment seiner Gravitationstheorie) – unendlich viele große Gedanken wurden in Langeweile geboren. Wir brauchen Langeweile, weil der Möglichkeitssinn wichtiger ist als der Realitätssinn. Unverplante und unstrukturierte Zeit dient der Vorbereitung und Sensibilisierung für neue Möglichkeiten und Optionen. Ohne Langeweile haben es gute Ideen schwer.

Smartphone, Laptop, Bücher, Zeitung, Notizbuch … oft bin ich überrascht, wie interessant es wird, wenn all das mal fehlt. Dann staune ich über die »zufälligen« Begegnungen und Einfälle, die sich auf einmal bieten. *Staunen* wird heute ja als »non-duale Kompetenz« bezeichnet, nur über den Zauber der Langeweile spricht kaum jemand. Trotz unzähligen Bestsellern und angesagter Methoden für urbanes Downsizing, Konsumaskese und Achtsamkeitstraining, macht sich ein seltsamer Mangel an Langeweile breit.

Wann hast du dich das letzte Mal so richtig gelangweilt? Und was hast du dabei erlebt?

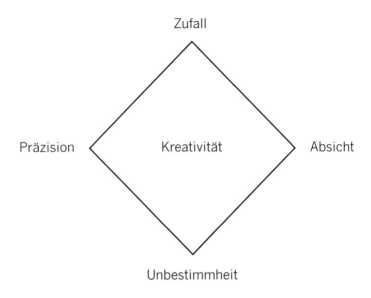

Bei den alten Griechen hieß es noch: »Er *hat* Genie«, heute sagen wir: »Er *ist* ein Genie«. Dahinter steht die Erwartung, Kreativität ausschließlich aus sich selbst zu schöpfen. Was für eine Zumutung. Denn eigentlich kommt sie nicht *von* dir, sondern *zu* dir. Der Schlüssel dafür ist Langeweile: das Problem weglegen, reifen lassen und Abstand gewinnen. Diese Inkubationszeit sorgt in genau dem Moment für frische Lösungen, in dem man überhaupt nicht daran denkt. Weil man zunächst viel Zeit damit verbringt, sich vorzubereiten, gut aufzustellen und dann bereitzuhalten, verschiebt Langeweile die Kreativität ins Adjektiv, als Art und

Weise, Dinge zu tun. Kreativ zu leben bedeutet, ganz bewusst unstrukturierte Zeit in den Alltag einzubauen und eine lebendige Mischung aus Zufall und Absicht, Präzision und Unbestimmtheit zu entwickeln. Es bedeutet anzuerkennen, dass erfolgreiche Ideen sich eher *entwickeln*, statt am Reißbrett geplant zu werden. Wer sich traut, das gewöhnliche Bezugssystem zeitweise zu verlassen und Langeweile auszuhalten, wird bemerken: Es ist mehr ein Erkennen als ein Erfinden. Anfangs fühlt sich Langeweile zwar wie Versagen an, aber mit der Zeit wird man zuversichtlicher. Denn Staunen ist der Beginn eines jeden kreativen Prozesses. Um die Zahlen kümmerst du dich später.

#30 GEH IMMER WEITER

Sei proaktiv, leistungsfreudig und selbstdiszipliniert. Die unüberhörbare Aufforderung unserer Zeit lautet: eigenverantwortliche Selbstverwirklichung. Denke unternehmerisch, entdecke deine Defizite und optimiere dich! Aber das Leben ist kein Optimierungsproblem. Das Leben ist ein großes Geheimnis. Um sich der freundlich formulierten Pflicht zur Selbstverwirklichung zu erwehren, kommen wir zurück zum Tetralemma. Wer sich nämlich bei dem vergeblichen Versuch erschöpft, an allen vier Ecken möglichst gleichzeitig und möglichst stark zu ziehen, der gelangt auf dem Weg der maximalen persönlichen Katastrophe (Burn-out, Krankheit, Trennung o. ä.) zur Auflösung des Tetralemmas. In der Logik des Tetralemmas heißt es dann: »All dies nicht – und selbst das nicht«.

Die fünfte Position verneint somit nicht nur alle anderen vier Positionen, sondern auch sich selbst. Sie erinnert uns daran, dass psychische Energie eben nicht nur *zentrifugal* (nach außen), sondern immer auch *zentripetal* (nach innen) gerichtet sein sollte. Damit er-

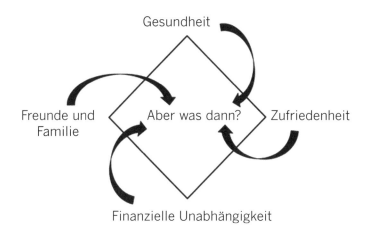

öffnet die fünfte Position den Weg zu einer völlig neuen Perspektive. Die Zeit ist reif für den *Grabredetest*: Warum möchtest du, dass man sich an dich erinnert? Welchen Beitrag möchtest du geleistet haben? Welcher Charakter soll mit dir verbunden werden? Was möchtest du hinterlassen?

Das Leben von hinten zu denken kann dir helfen, dich daran zu erinnern, dass Selbstoptimierung, Erfolgshunger und Gewinnstreben letztlich nur verschiedene Seiten derselben Medaille sind. Nichts davon ist Selbstzweck. Einfach immer weitermachen ist keine Option. Die Strategie »jetzt viel arbeiten und sich später belohnen« hat Grenzen. Die ersten zehn Jahre

Vollgas zu geben macht anfangs zwar durchaus Sinn, aber irgendwann dämmert die Einsicht, dass man nichts zurückkaufen kann.

> »Taking jobs to build up your resume
> is like saving up sex for old age«,
>
> Warren Buffett.

Es stimmt schon: Menschen, die in der Lage sind, auf sofortigen Genuss zu verzichten, stehen am Ende besser da. Wie in diesem berühmten psychologischen Experiment von Walter Mischel, der Kinder allein im Zimmer sitzen ließ. Wenn das Kind eine Glocke läutete, kehrte der Testleiter mit einem Marshmallow zurück. Wartete das Kind aber und verkniff sich das Läuten, kehrte der Testleiter nach einiger Zeit von selbst zurück, dann jedoch mit zwei Marshmallows. Jahre später waren die Erwachsenen, die als Kinder ihre Bedürfnisse aufschieben konnten, widerstandfähiger, erfolgreicher und sozial kompetenter. Aber Selbstverwirklichung ist etwas anderes als Selbstoptimierung. Man kann auch sein ganzes Leben aufschieben. Prokrastination ist ein ernstzunehmender Gegner. Es ist die Idee der eigenen Endlichkeit, die uns hilft, uns von jener Art Hoffnung zu lösen, die nur Aufschub bedeutet.

1. Der Tod erinnert uns daran, dass sich die Bewältigung menschlicher Schicksale nicht in Bonusmeilen, Credit Points oder PayPal-Punkten verrechnen lässt. Was zählt der Lufthansa-Senator-Status, das Ivy-League-Diplom oder der Dienstwagen, wenn die eigene Mutter schwer erkrankt, das Haus abbrennt oder die Ehe zerbricht? Dann heißen die Lebensretter nicht Fleiß, Pünktlichkeit oder Präsenz, sondern Zuversicht, Mut und Mitgefühl.

2. Im Vergleich zum Tod verlieren die meisten Ziele im Leben ihre scheinbar dringliche Absolutheit. Anstatt alles auf einmal und sofort haben zu wollen, setzt eine gewisse Relativierung ein und sorgt für Entspannung. Nichts ist so wichtig, wie du denkst, außer in dem Moment, in dem du es denkst.

3. Und schließlich erinnert uns der Tod daran, dass wir nur auf der Durchreise sind. Wer dem Missverständnis erliegt, Dauergast zu sein, kann der Zeit vielleicht müheloser beim Vergehen zuschauen, aber das Leben bleibt trotzdem endlich, nur ein Bindestrich zwischen zwei Zahlen auf deinem Grabstein. Grund genug, jeden Tag zu einem Teil deiner Idee vom guten Leben zu machen.

#31 ZEIGE DEINEN ERFOLG

Am Ende muss ich eine ausdrückliche Warnung aussprechen. Was gemeinhin als Zeichen des Erfolgs gilt – Stadtrandvilla, Segeljacht, BahnCard 100 und akademische Titel – ist keine Repräsentation der menschlichen Gefühlswelt. Trotz grandioser Erfolge und erreichter Ziele besteht die akute Gefahr, zwar einem funktionierenden Leben gegenüberzustehen, sich gleichzeitig aber hundeelend zu fühlen. Weil das, was wir Erfolg nennen, viel zu schnell viel zu hohl ist, erlösen uns die perfekten Umstände eines funktionierenden Lebens nicht von dem nagenden Gefühl, dass irgendetwas fehlt, noch irgendetwas passieren muss oder womöglich irgendetwas verpasst wurde. Das kann doch unmöglich alles gewesen sein?

Also rühren wir fleißig immer weiter in der trüben Suppe eines funktionierenden Lebens. Vielleicht sind wir dabei sogar erfolgreich, aber was nützt das? Die schlimmste Form der Depression ist ausgerechnet die Paradiesdepression. *Eigentlich* sollte ich doch glücklich sein?! Ich bin doch erfolgreich, ich bin doch bedeutend, ich bin doch wohlhabend, ich habe es doch geschafft – nur zufrieden bin ich nicht.

Es ist ein Missverständnis. Wir suchen dort, wo nichts zu finden ist. Der Versuch, in den Umständen des Lebens Erfüllung zu finden, ist die Quelle der Unzufriedenheit. Aber du möchtest leben und nicht nur existieren. Den Ballast eines funktionierenden Lebens zeitweise völlig loszulassen bedeutet, das Vakuum des rasenden Stillstands zu spüren. *Go slow*. All die Betriebsamkeit um Projekte, Unternehmungen und Erlebnisse, die ganzen äußeren »Umstände«, das ist alles zweitrangig. Es kann helfen, das Tempo herauszunehmen und freundlich abzurüsten, *bevor* die »Fliehkräfte« in der Zentrifuge deines Lebens zu groß werden.

#32 DENK NICHT AN ALTERNATIVEN

Alles war schon vorgegeben. Sämtliche Regeln, Erwartungen, Theorien und Konzepte, wie es zu laufen hat. Nichts hast du selbst gewählt. Nicht die Familie, in der du aufgewachsen bist, nicht deine Erziehung, Sprache oder Religion. Nicht einmal deinen Namen hast du dir selbst ausgesucht. Alles war schon da, lange bevor du geboren wurdest. Flughäfen, Bahnhöfe, Krankenhäuser, Autobahnen, Steuer-, Bildungs- und Gesundheitssystem. Nichts von alldem konnte noch gestaltet, geschweige denn verändert werden, ohne dafür jahrzehntelang im Steinbruch der Bürokratie zu schwitzen. Trotzdem war Effizienz das Gebot der Stunde. Alle arbeiteten mit vollem Einsatz an ihrer eigenen Abschaffung. Keine Visionen mehr, nur noch Projekte. Erstarrte Gesichter, vereint im Niedergang, kurz bevor alles auseinanderfiel ...

So oder so ähnlich klingt populäre Kulturkritik im Jahr 2017. Sie buchstabiert sich: *T.I.N.A. – There Is No Alternative.*

Zugegeben, wer T.I.N.A. widersprechen möchte, muss etwas Fantasie aufbringen. Aber es ist nicht unmöglich. Die notwendige Voraussetzung bezeichnen Psychologen als Subjekt-Objekt-Zuordnung. Diese ist auf dem Berliner Fernsehturm gut zu beobachten. Dort oben staunt ein Sechsjähriger: »Guck mal, wie klein die Autos *sind*!«, während eine Achtjährige sagt: »Guck mal, wie klein die Autos *aussehen*!«.

Hinter diesem mentalen Entwicklungssprung steht die Erkenntnis, dass der Verstand ein Werkzeug für das Leben ist und nicht umgekehrt. Wer dem Verstand beim Arbeiten zusehen kann, schaut *auf* ihn drauf, anstatt nur *hindurch*. Diese Fähigkeit, Abstand zum eigenen Denken aufzubauen, Distanz zu schaffen und die Helikopterperspektive einzunehmen, ist das große Finale dieses Anti-Ratgebers. Denn auch wenn es oft so *scheint,* als wäre alles schon entschieden, vorgegeben und geregelt, könnte es trotzdem ganz anders *sein*. Sicherlich ist die Simulation von Unveränderbarkeit kein unwichtiger Systemstabilisator, nur dass T.I.N.A. eben der Idee vom guten Leben im Wege steht. Wer nämlich an T.I.N.A. und die Unveränderbarkeit der Dinge glaubt, vergisst dreierlei:

Erstens, wie auch immer das gute Leben aussehen mag, es hat mit Sicherheit mehr mit der Zukunft zu tun als mit der Gegenwart.

Zweitens beschreibt das gute Leben weniger einen alternativlos statischen Zustand als vielmehr einen kreativen dynamischen Prozess.

Und drittens darf das Leben auch gelebt werden.

Nimm es dir.

Es ist deins.

WANN WIRD ES WIEDER EINFACH?

Das ist die Leitfrage unserer Zeit. Sie ist Ausdruck einer tiefen Sehnsucht nach dem Gegenteil von kompliziert. Bitte etwas überschaubarer, eindeutiger, gerechter, glaubwürdiger. Wann wird es wieder einfach?

Wir alle sind aufgefordert, uns im Leben der vielen Möglichkeiten einen angenehmen Ort zu suchen. Aber welcher Ort ist das? Wie gelange ich dort hin? Und mit wem?

Bislang schien alles nach einer ganz einfachen Regel zu funktionieren: Erlange so früh wie möglich so viel Bildung wie möglich, und du wirst den Rest deines Lebens die süßen Früchte einer glänzenden Karriere genießen. Das Versprechen, dass die Tüchtigen es gut haben werden, trug den Namen »Leistungsprinzip«. Es hieß, mit jedem extra Jahr zusätzlicher Bildung steigt der spätere Stundenlohn um zehn Prozent. Inzwischen ist die Bildungsrendite aber weniger eindeutig. Es gibt arbeitslose Abiturienten, vermögende Schulabbrecher, unterbezahlte Fachkräfte, promovierte Germanisten auf halbjährlichen Projektstellen der örtlichen Krankenkassenniederlassung und examinierte Rechtsanwälte in der Beratungshotline des ADAC. Der direkte Zusammenhang zwischen Bildung und Einkommen hat sich mehr oder weniger aufgelöst. Atypische Beschäftigungsverhältnisse (Teilzeit, Befristung, Minijob, Zeitarbeit) haben der unbefristeten Vollzeitbeschäftigung den Rang abgelaufen.

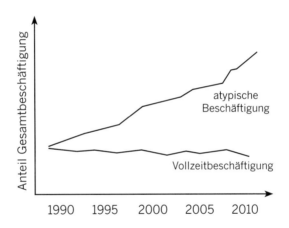

Mit der Generation Y, den zwischen 1980 und 2000 Geborenen, geht die bestgebildete Generation mit den schlechtesten Berufsaussichten an den Start. Das Leistungsprinzip ist kaputt. Aber warum ist die Verwandlung von Bildung in Einkommen weniger vorhersagbar als bislang? In einem Wort: Digitalisierung.

Das Jahr 2002 gilt als Beginn des »Digitalen Zeitalters«. Es war das Jahr, in dem erstmals mehr digitale als analoge Informationen gespeichert wurden. Inzwischen sind nahezu 100 Prozent der weltweiten technologischen Informationskapazitäten digital. Vor nicht allzu langer Zeit, im Jahr 1993, waren es lediglich drei Prozent. Dieser Prozess der Digitalisierung hat in den letzten Jahrzehnten zwei wesentliche Konsequenzen entfaltet: das Massensterben analoger Routineberufe und einen Bedeutungszuwachs sozialer Kompetenzen. Beides zeigt die folgende Abbildung:

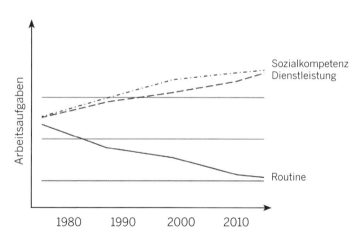

Parallel zum Aussterben der unbefristeten Vollerwerbsroutine wachsen seit 1980 die Beschäftigungsrate und die Bezahlung in solchen Berufen am stärksten, die eine ausgeprägte Sozialkompetenz benötigen. Stärker gesucht und besser bezahlt werden also zunehmend genau *die* Fähigkeiten, die *nicht* durch Computer ersetzt werden können. Es ist kein Zufall, dass sich dieser Trend am deutlichsten im Gesundheitswesen zeigt, dem Bereich mit dem größten Beschäftigungszuwachs und den höchsten Wachstumsraten.

Interessant ist auch ein weiterer Welleneffekt. Im Verdrängungswettbewerb um die letzten Jobs gehen nun auch hoch qualifizierte Arbeitnehmer in Berufsfelder, die bisher von geringer qualifizierten Arbeitnehmern besetzt wurden. Diese Kurve zeigt die Entwicklung der beruflichen Anforderungen an Hochschulabsolventen hinsichtlich Intensität, Denkleistung und Kognition.

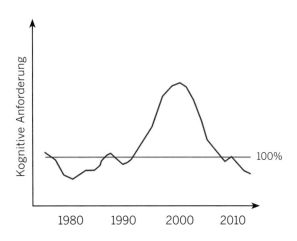

Mit steigender Qualifikation der Absolventen stiegen zunächst auch die Anforderungen über Jahrzehnte hinweg an. Der Beginn des Digitalen Zeitalters hat diese Entwicklung durchbrochen. Nun finden sich viele überqualifizierte Arbeitnehmer auf Stellen wieder, die sie systematisch unterfordern. Ein Phänomen, für das der Anthropologe David Gräber die (inzwischen) berühmte Bezeichnung »Bullshit Job« fand.

Aber das ist erst der zarte Anfang der Digitalisierungswelle. Laut einer aufsehenerregenden Studie der Oxford University können wir damit rechnen, dass der nächsten Automatisierungswelle quer durch alle Berufsfelder weitere 47 Prozent unserer Jobs zum Opfer fallen werden. Wie das ungefähr aussehen könnte, hat Adidas im letzten Jahr mit der Eröffnung seiner Speedfactory gezeigt. Statt irgendwo in Asien einige Tausend Näherinnen anzustellen, fertigen nun in Ansbach einige Dutzend Roboter rund um die Uhr jährlich 500.000 Turnschuhe. Benötigt werden dazu ganze 160 Arbeitsplätze. Obendrein verkürzt sich die Produktionszeit von der Skizze des neuen Turnschuhs bis zum fertigen Modell im Sportgeschäft von bisher 18 Monaten auf wenige Tage, weil alle benötigten Materialien direkt vor Ort aus dem 3D-Drucker kommen. Der Versand von Turnschuhen könnte also demnächst länger dauern als ihre Herstellung.

Digitalisierung und Automatisierung haben offensichtlich gerade erst begonnen, ihre volle Wirkung zu entfalten. Die Frage ist nur, wie gut sind wir auf Kommendes vorbereitet?

- 1/4 der Erwachsenen hat keine oder wenig Erfahrungen mit Computern,
- 3/5 der Erwachsenen können Computer nicht oder kaum zur Problemlösung nutzen,
- 4/5 der Erwachsenen glauben, dass Digitalisierung die Gesellschaft spaltet.

Wir fassen zusammen: Bildung ist nicht länger hinreichende Bedingung für Erfolg, sondern nur noch Voraussetzung; das aufkommende Berufsleben der Zukunft zentriert sich um Computer; und wir sind schlecht auf den digitalen Wandel vorbereitet.

DIE LETZTEN AUFSTEIGER

Aber wie wollen wir unser Leben im Digitalen Zeitalter dann erzählen? Als Fortschreibung der gewohnten Gegenwart? Als Herleitung der Zukunft aus der Vergangenheit?

In dieser Erzählweise erscheint das Leben zwar verlässlicher und kontrollierbarer, aber sie macht uns gleichzeitig blind für Exponentialität. Denn beschleunigte Prozesse der Informationen, Kommunikation und Investition steigern im Digitalen Zeitalter vor allem eines: Ungewissheit. Um von der grassierenden Ungewissheit nicht überwältigt zu werden, ist zunehmend eine kreative Learning-by-doing-Mentalität gefragt, existierende Grenzen im Denken und Handeln nicht einfach hinzunehmen, sondern in Möglichkeiten zu übersetzen, die den eigenen Lebenszielen entgegenkommen. Entscheidend sind dafür *21st century skills*.

suchen
recherchieren
bewerten
filtern
speichern
wiederfinden
ordnen
löschen
kommunizieren
benennen
teilen
erklären
übersetzen
präsentieren
diskutieren
konstruieren
kooperieren
kollaborieren

Das selbstgesteuerte Auffinden und Aneignen von Informationen ist die Schlüsselkompetenz des 21. Jahrhunderts. Die viel bemühte Leerformel vom »lebenslangen Lernen« wird im Digitalen Zeitalter zur gelebten Praxis. Einmalig, zum Beginn des Lebens, möglichst viel Bildung zu erhalten und dann nie wieder kann nicht die Antwort auf lebenslanges Lernen sein. Daher lösen digitale Bildungsformate die Dimensionen Ort und Zeit zunehmend auf: Bildungsphasen folgen auf Anstellungswechsel, Onlinetrainings unterstützen Projektarbeit und Mikrozertifikate erweitern persönliche Kompetenzen. Lebenslanges Lernen wird zu einem abwechselnd schrittweisen, vollständig flexiblen Prozess von lernen und arbeiten. Am sichtbarsten greift dieser digitale Kompetenzwandel bei der Entstehung sogenannter *Hybrid-Jobs* ineinander – der Kombination aus fortgeschrittenen technologischen Fähigkeiten *und* Sozialkompetenz:

Datenanalyse + Marketing

    Big Data-Experte + Psychologe

        Digital Home Care + Krankenschwester

            Informatiker + Projektmanager

                Online Tutor + Lehrer

Über diese Kompetenzprognosen hinaus lautet aber die Frage: Was bedeutet es im 21. Jahrhundert, ein gebildeter Mensch zu sein?

Diese Frage ist derzeit völlig unbeantwortet, weil das, was uns bevorsteht, nicht weniger ist als der Unterschied zwischen Wandel und Transformation. Wandel vollzieht sich innerhalb einer bestehenden Ordnung, eingebettet in existierende Strukturen. Ein paar Dinge ändern sich, aber das meiste bleibt gleich. Transformation hingegen bedeutet den Übergang in eine grundlegend neue Form, das Auftreten von etwas völlig anderem. Durch die Verwechslung von Wandel mit Transformation entsteht oft der Eindruck, der Bedeutungsverlust von Staat, Politik, Klasse, Familie, Religion oder Werten würde den Untergang der Welt einläuten. Dabei geht die Welt gar nicht unter, sondern nur unser Weltbild.

> *»Wenn die Vergangenheit die Zukunft nicht mehr erhellt, tappt der Geist im Dunkeln«,*
>
> ALEXIS DE TOCQUEVILLE.

Unter der Oberfläche schwindender Gewissheiten erwächst aber längst ein neues Weltbild. Wir alle wissen, dass sich die Raupe in einen Schmetterling verwandeln wird. Nur weiß die Raupe es auch? Aus ihrer Sicht geht die Welt auf jeden Fall unter. Sie verliert alle Gewissheiten und ahnt nichts von ihrer Verwandlung. Genau darin besteht das Problem unserer Raupenexistenz. Alle reden von Untergang, obwohl die Welt sich nur verändert.

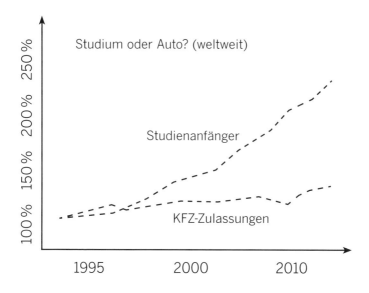

Wenn die Geschichte tatsächlich ein Wettrennen zwischen Bildung und Katastrophen ist, dann scheint der Startschuss schon längst gefallen. Überkommendes nur zu reproduzieren wird uns nicht dabei helfen, eine Welt zu beschreiben, die sich ins Ungewisse, Unbekannte und Unbeschriebene hinein entwickelt. In einer Welt, die keinen Stein auf dem anderen lässt, ist »Läuft bei mir – immer weiter so« eben kein Argument mehr.

»Wir sind diejenigen, auf die wir gewartet haben« ist ein Satz aus einer Rede Barack Obamas, der das pikante Verhältnis zwischen Vergangenheit und Zukunft sowie zwischen persönlicher Selbstoptimierung (ich) und gesellschaftlichem Kontext (wir) präzise ausbalanciert. Denn auch wenn dieses Buch um Life Hacks zur aktiven Lebensgestaltung von Selbstarbeitern kreist, dürfen wir nicht vergessen, dass die Gesellschaft keineswegs aus Individuen besteht, die immer souverän an sich selbst arbeiten und sich vollständig selbst im Griff haben. Das *Can-do-ism* des *Selfmademan* populärer Prägung hat Grenzen. Die Wachstumsschmerzen des Digitalen Zeitalters haben nur dann eine Chance, gesellschaftlich akzeptiert zu werden, wenn dabei insgesamt mehr Gewinner als Verlierer herauskommen. Dabei ahnen wir schon, dass sich die Erfolgsgeschichten der Vergangenheit nur schwer wiederholen lassen werden. Die Dynamik im Zusammenspiel von Bildung, Arbeit und Wohlstand verändert sich. Vieles wird verschwinden, Neues wird entstehen. Aber durch diese Form der kreativen Zerstörung bringt das Digitale Zeitalter genau das hervor, was es selbst am dringendsten braucht: Vielfalt, Bildung, Netzwerke und globales Handeln. Einfach wird das nicht, aber spannend …

LITERATUR ZUM WEITERLESEN

P. Beaudry, D. Green, B. »The Great Reversal in the Demand for Skill and Cognitive Tasks«. *Journal of Labor Economics.* 2016; 34: 199–247.

E. Brynjolfsson, A. McAfee. *The Second Machine Age. Wie die nächste digitale Revolution unser aller Leben verändert.* 2014.

C. M. Christensen, J. Allworth, K. Dillon. *Wege statt Irrwege. Wo Menschen und Firmen die gleichen Fehler machen und warum Wirtschaftstheorien uns zu einem glücklicheren Leben verhelfen können.* 2015.

D. Deming. »The growing importance of social skills in the labor market«. *NBER Working Paper.* 2015; No. 21473.

P. F. Drucker. *Managing Oneself.* Best of Harvard Business Review. 1999.

C. B. Frey, M. A. Osborne. »The future of employment: how susceptible are jobs to computerisation?«. *Technological Forecasting and Social Change.* 2017; 114: 254–280.

M. Hilbert, P. López. »The World's Technological Capacity to Store, Communicate, and Compute Information«. *Science.* 2011; 332: 60–65.

R. Lee, A. Mason. »A Research Plan for the Macroeconomic Demography of Intergenerational Transfers«. *National Transfer Accounts Working Paper.* 2004; 1.

OECD Skills Study. *Adults, Computers and Problem Solving: What's the Problem?* 2015.

G. Z. Segal. *Getting There. A Book of Mentors.* 2015.

Wenn Sie **Interesse** an
unseren Büchern haben,

---

z. B. als Geschenk für Ihre Kundenbindungsprojekte,
fordern Sie unsere attraktiven Sonderkonditionen an.
Weitere Informationen erhalten Sie von
unserem Vertriebsteam unter +49 89 651285-154
oder schreiben Sie uns per E-Mail an:
vertrieb@redline-verlag.de

REDLINE | VERLAG